ÓDIOS POLÍTICOS E POLÍTICA DO ÓDIO

O ódio marca uma ruptura de certos pactos, protocolos e formas de relações prévias. Mapeia essa ruptura e as linhas que surgem daí: potências negativas, abrasivas, mas também novos territórios coletivos, novos lugares de fala, novas formas de ocupação do público, exemplarmente encarnado nos feminismos, especificamente no feminismo negro. O ódio marca – e quem poderia duvidar? – nosso momento de maior perigo. Porém, *exatamente por isso*, marca também a inflexão e a potência de um outro tempo possível.

ANA KIFFER
GABRIEL GIORGI
**ÓDIOS POLÍTICOS
E POLÍTICA DO ÓDIO**
lutas, gestos e escritas do presente

© Ana Kiffer e Gabriel Giorgi, 2019
© Bazar do Tempo, 2019

Todos os direitos reservados e protegidos pela
Lei n. 9610 de 12.2.1998. É proibida a reprodução total
ou parcial sem a expressa anuência da editora.

Este livro foi revisado segundo o Acordo Ortográfico da
Língua Portuguesa de 1990, em vigor no Brasil desde 2009.

EDITORA Ana Cecilia Impellizieri Martins
COORDENAÇÃO EDITORIAL Maria de Andrade
ASSISTENTE EDITORIAL Catarina Lins
PREPARAÇÃO DE ORIGINAIS Elisabeth Lissovksy
REVISÃO Vanessa Gouveia
PROJETO GRÁFICO Thiago Lacaz
FOTO DA CAPA Manifestação em 2013, São Paulo,
Victor Dragonetti (seleção de Cristianne Rodrigues)

BAZAR DO TEMPO
Produções e Empreendimentos Culturais Ltda.
rua General Dionísio, 53, Humaitá
22271-050 Rio de Janeiro RJ
contato@bazardotempo.com.br
bazardotempo.com.br

APRESENTAÇÃO
Pensar o desafio presente 9

O ódio e o desafio da relação:
escritas dos corpos e afecções políticas 35
Ana Kiffer

Arqueologia do ódio:
apontamentos sobre escrita e democracia 81
Gabriel Giorgi

SOBRE OS AUTORES 133

APRESENTAÇÃO
PENSAR O DESAFIO PRESENTE

Este livro se inscreve como acontecimento crítico entre as urgências e as insurgências das nossas vidas hoje. Por um lado, fruto do espanto com que vemos ruir o solo democrático das sociedades contemporâneas, por outro, como efeito do esgarçar das grandes certezas que por tanto tempo pautaram o exercício teórico e interpretativo.

Navegamos entre o ativismo e a leitura atenta aos fenômenos que avultam, abordando a questão dos ódios, buscando compreendê-los em suas diferentes aparições sem, no entanto, buscar apaziguá-los, negando-os ou submetendo-os aos regimes das afecções[1] preexistentes

---

1. Entendemos por regime das afecções o campo de estudo que considera o universo dos afetos como sendo da ordem política e subjetiva. Sob esse aspecto, deslocamos o entendimento dos afetos como sendo exclusivamente emocional e individual. Essa é uma das razões pelas quais preferimos aqui indicar um regime de afecções e não de afetos – termo muito colado, sobretudo em nossa língua e cultura, à ideia de sentimento e emoção). O regime das afecções se insere no campo da produção política e política-subjetiva. Circunscrevendo-o,

ou que nunca deveriam existir. Trata-se de uma tarefa em construção, que exige de nós o esforço tanto de releitura e ressignificação de conceitos, valores e práticas anteriores, quanto o esforço de trabalho com conceitos, valores e práticas que insurgem no contexto atual, ainda de modo tênue, instável e sempre arriscado.

O ódio queima como um fogo das afecções que rasga os tecidos discursivos com uma brutalidade aniquiladora que bordeja a linguagem de sua própria impossibilidade de dizer e com uma força de reivindicação por refazer os modos e as aparições de um poder-dizer. Há, portanto, uma força de vida do ódio que este ensaio busca apresentar. Há também, e sempre, a força mortificante que fixa o corpo do ódio nos corpos – coletivos e individuais – que dele padecem. Há também uma pele performativa nessas novas discursividades do ódio que reabrem as valas dos nossos cadáveres não enterrados.[2] Mas há também uma vitalidade – ruído ou grito –, um poder-dizer que insurge como palavra untada aos corpos antes invisibilizados e

tal como o regime discursivo, numa lógica que deve ser pensada como não excludente das formações intelectivas (racionais) e imaginativas (estético-artísticas)

2. Metáfora que se refere aos corpos que nunca contaram (contar como gente e contar como voz) – negros oriundos de um regime escravocrata pouco afrontado, índios exterminados e valorados dentro de uma mística da assimilação, corpos assassinados na ditadura civil-militar e desaparecidos, assim como as recentes políticas de intervenção militar nas comunidades periféricas que vêm produzindo uma verdadeira necropolítica de Estado, cada vez mais violenta contra as populações mais pobres.

ainda hoje sob risco constante de aniquilação. Corpos que, em sua existência, assinalam inevitavelmente outros modos de dizer, de contar e de escrever diferentes do que estruturou nosso campo simbólico/discursivo, onde esses mesmos corpos foram – e ainda são – vistos como impróprios em suas diferenças.

A dimensão performática dos gestos que hoje esboçam política e subjetivamente as afecções do ódio se faz ver no contraponto de escritas muitas vezes precárias, escritas de inscrições mais do que de livros, de gritos mais do que de letras, de forças corpóreas mais do que de forma simbólica. Elas refletem a vulnerabilidade compartilhada pelos corpos e que buscam se inscrever como necessidade de ligação daquilo que aberto, no horizonte das disputas atuais, findaria apenas como gérmen do caos – forças do apagamento. Quando escrever advém da necessidade de inscrever – nos corpos, meios, cartazes, cadernos, superfícies, redes e correntes abertas –, os regimes das afecções e os do discurso se recolocam de novo face a face. Nada disso significa reinserir a escrita no seio das histórias ou das paixões individuais e fechá-las em seus territórios trágicos ou felizes. Tampouco pensar que o regime das afecções, desafiando o regime dos discursos, funcionaria apenas como efeito de ondas coletivas de submissão por contágio – hordas ignorantes de sua própria vulnerabilidade. Mesmo que tudo isso reapareça no cenário atual, entre a fórmula exemplar do dedo em arma bolsonarista, repetido como emoji, banalizado como se morte e extermínio ali não se inscrevessem, lidamos ainda com um desafio imenso de construir outros arquivos de afecções e de escritas do ódio como forma premente de combate à brutalidade da morte. A morte e a violência já estavam em nossos corpos antes que começássemos a poder-dizê-las. Por que falar do que preferíamos que não estivesse mais entre nós? Porque está em nós. E não apenas de repetição, de matrizes unificadas, de retorno e de atraso é feito o ódio – aposta arriscada que tentamos aqui sustentar.

Diante do grande desvio construído por meio de uma ideia feliz e cordial de vida, é comum nos interrogarmos a respeito dos pactos democráticos e de como os novos ódios que surgem os dilaceram. De diferirmos, do interior mesmo das inscrições do ódio, os ruídos, os gestos e os gritos da e pela vida. Isso que aqui analisaremos como necessária diferenciação entre um ódio político e uma política do ódio. Falamos, portanto, de afecções prementes a serem tomadas em seus riscos como desafio ao que insiste em desligar os laços de vida e tudo aquilo que, rasgando, refaz ou exige novos modos de relação e de vida.

O ódio não é um afeto nem uma paixão homogênea ou idêntica a si mesma, mas um condensador e modulador de afetos diversos, que conjuga uma constelação de paixões que passam pela reprimenda, pela fúria, pela ira e pela indignação. Escolhemos nos atermos ao ódio como eixo central por ele ser o afeto mais problemático em um sentido específico: ele leva ao limite as formas de relação social, os pactos discursivos, as formas e protocolos da vida civil e as regras da democracia. O ódio empurra limites, os desloca, enquanto outros afetos – pensemos na reprimenda ou na indignação – podem respeitar canais de expressão e modos de performance mais estabilizados. Já o ódio, em sua vocação mais característica, busca romper pactos, impugnar formas de relação, desmontar protocolos de civilidade e de laços. O ódio, assim, não é um afeto nobre, uma paixão própria ao entusiasmo civil e democrático, como podem ser a reprimenda e a fúria. Trata-se de um afeto profundamente *abjeto*, ou, ao menos, sempre vizinho à abjeção, fundamentalmente porque se liga ao que uma sociedade, e suas formas de subjetivação, declara como resíduo, detrito, instância de repúdio. Daí, evidentemente, vem a força de sua violência, sua capacidade para evocar e, com vertiginosa frequência, produzir a eliminação de corpos, de vidas e de grupos. O que nos interessa indagar é justamente essa dimensão problemática, ambivalente e complexa do ódio.

Por um lado, o ódio adquiriu uma nova centralidade na última década, especialmente na conjuntura mais recente que emergiu com a eleição de Jair Bolsonaro, assim como o que assinalamos todos atualmente como uma nova onda conservadora, com um desejo de exterminar vidas, com um crescimento avassalador da extrema-direita em boa parte do mundo e uma *necropolítica* que avulta e se institui no lugar do que antes críamos ser o pacto civilizatório. Esses movimentos e modos de ação e organização nos permitem falar de formas contemporâneas do ódio, se desdobrando em manifestações de racismo, violência patriarcal e sexista e um classicismo ainda mais raivoso. No entanto, por outro lado, o ódio – e sua complexa constelação afetiva – atravessa muitos desejos emancipatórios, criativos e potentes presentes em nossas sociedades e insurgentes através dos discursos e práticas contemporâneas manifestas nos movimentos negro, periféricos, indígena, entre outros.

Antes de tudo, tentamos evitar toda simplificação e moralização fácil perante o ódio, esse gesto – recorrente e compreensível, porém sempre perigoso – de *colocar o ódio como exterior,* de encarná-lo em figuras reconhecíveis e estabilizadas (o "hater", o "fascista", o "bolsomonion" etc.), e de expurgar esses afetos baixos de nossas próprias posições. Acreditamos que faz falta uma aproximação mais matizada, capaz de não apenas analisar sua natureza complexa, instável e diversa daquilo que chamamos usualmente de "ódio", mas também, e talvez principalmente, de sua natureza em processo, em transformação, em devir, capaz de fixar-se e converter-se em outra coisa, de descentralizar-se e de afirmar-se em outras linhas e em outras possibilidades. O ódio como afeto coletivo se torna o terreno de uma pedagogia, ao mesmo tempo sensível e política, feitas de formas de expressão e de objetivos ou horizontes coletivos. Mas, para compreendermos esse emaranhado tecido social e político, é necessário pensar sobre o ódio, entrar nele, reconhecer sua proximidade: esse é um dos objetivos que almejamos neste livro.

Para isso, formulamos perguntas a partir de dois lugares diferentes e em tensão. Podemos falar de ódios e não de um monolítico ódio? Então, onde e como se inscrevem os ódios? Como e onde os ódios escrevem? Os ensaios deste livro exploram, portanto, esses dois campos: as inscrições corporais do ódio – no gesto, na superfície dos rostos, na expressividade dramática do ódio presente nas performances culturais; e também as escritas do ódio, sempre ligadas aos corpos, movimentando uma eletricidade que provém do próprio rebordo da voz, do gesto, de uma força háptica das palavras. "Escritas precárias", "escritas performáticas": os ensaios trabalham com concepções ampliadas do escrito e da inscrição para tentar capturar precisamente o que excede e põe em tensão tanto as formas de representação escrita, herdadas da cultura letrada, quanto os modos como a política se tornou um discurso estabilizado sobre certas formas de escrita. Distanciando-se dos repertórios clássicos da cultura letrada e de sua esfera pública (o jornal, o livro) e dos territórios cristalizados da cultura midiática (a televisão, o rádio), essas "escritas precárias" emergem nos territórios da rua, do entre-corpos da manifestação, nas zonas da voz e da cacofonia coletiva, dos fóruns online, dos panfletos e cartazes, das instalações e de práticas performáticas. Buscamos essas zonas onde se enlaçam novas formas de expressividade, outras formas de intervir na língua, outros agenciamentos do coletivo que permanecem opacos, ou nunca perceptíveis, precisamente porque pensamos que são neles que se localizam os laboratórios do presente, isto é, tanto os seus pontos obscuros, suas linhas de pulsão de morte – tão teatralizadas pelos neofascismos e suas pedagogias da crueldade – como suas

Pensar o desafio presente   15

linhas de fuga, seus saltos emancipatórios, os campos de criação. O ódio marca uma ruptura de certos pactos, protocolos e formas de relações prévias. Mapeia essa ruptura e as linhas que surgem daí: potências negativas, abrasivas, mas também novos territórios coletivos, novos lugares de fala, novas formas de ocupação do público, exemplarmente encarnado nos feminismos, especificamente no feminismo negro. O ódio marca – e quem poderia duvidar? – nosso momento de maior perigo. Porém, *exatamente por isso*, marca também a inflexão e a potência de um outro tempo possível.

Um tema que percorre os dois ensaios é o das irrupções e inscrições do ódio como rearticulação dos lugares de *fala*, das posições de enunciação, dos agenciamentos coletivos que podem ser lidos nesse contexto e as guerras de línguas, nas quais se configuram novas formas e circuitos do público, a exemplo das redes sociais, dos fóruns de discussão online, entre outros. O ódio, aqui, não é tanto (ou não apenas) uma dimensão psicológica, um foco da vida afetiva da subjetividade, mas especialmente uma energia e uma intensidade que altera os pactos discursivos, os laços simbólicos, os protocolos cívicos (com suas regras do que pode ser dito), nos quais se basearam as democracias brasileiras e argentinas, e que, como sabemos, se abre hoje como desafio para diferentes povos e culturas. Antes de tudo, o ódio é um terremoto, um estremecimento raivoso dos *protocolos da expressão democrática*, face às formas, aos canais, às vias de expressão de sentidos e afetos nos quais se conjugam as representações unificadas do "popular", do "cidadão", do "nacional-popular", do "povo trabalhador" etc. São essas cristalizações, que durante muito tempo pareciam ser as únicas formas de articulação política nas democracias regionais, os "marcos" de legibilidade política como tal, que o ódio estremece. O ódio nomeia essa fricção permanente e implacável sobre as formas civis, e a abertura em direção às intensidades, afetos, linhas de subjetivação que acabam por não encontrar formas de articulação e de representação nos modos políticos existentes: *lugares de fala heterogêneos*, irredutíveis aos discursos dominantes, estabilizados e reconhecíveis. Uma heterogeneidade que irrompe e altera os protocolos e as liturgias do democrático. Esse *tremor da democracia* é o que queremos pensar.

Para dar conta dessa heterogeneidade nos centramos no contexto das afecções precárias, performáticas, no limite entre o que se pode ou não representar, que tensiona e disputa universos de significação e de enunciação: o ruído, o barulho, o grito, a pura voz que percorre corpos, gestos e palavras. Nos situamos nesse lugar não apenas porque acreditamos que o ódio contemporâneo é uma modelagem política dessas intensidades, mas também porque nesse umbral afetivo se condensam outros tempos, memórias, latências e desejos que não encontram sua articulação política e *cuja expressão em novas formas de subjetivação e em políticas emancipatórias* é a tarefa urgente do presente. Essa tarefa é estética e política ao mesmo tempo, e se afirma como um exercício *ético*, de trabalho sobre as subjetividades, trabalho que é, mais do que

Pensar o desafio presente 17

nunca, necessário: uma "clínica da cultura" e uma "pedagogia pública" como projeto crítico afirmativo e urgente.

Este livro se escreve a duas mãos, entre gêneros, entre dois países e dois idiomas. Busca fazer com que as fricções entre as línguas, as ideias, as experiências e as histórias não se deixem reduzir por leituras generalizantes. Quer deslocar os mapas previsíveis, as perspectivas conhecidas, conectar-se e amplificar movimentos da sensibilidade a partir de uma tradução sempre tensa e incompleta; entre português e espanhol, mas também entre os mapas sociais e políticos brasileiros e argentinos, entre experiências históricas distintas e entre realidades que têm muito em comum, mas, também, muitas diferenças. E, fundamentalmente, quer pensar, na escrita precária e aberta, a duas mãos, *essa tradução simultaneamente imperiosa e agônica entre afeto e linguagem, entre afecção e palavra, entre intensidade e gesto.* Essa fronteira, sempre móvel, está aberta a novas escritas, a novas formas, a novos canais. Escrever a duas mãos, entre países e entre línguas, é também uma tática formal para que novas dobras do sensível e do pensamento emerjam e contaminem nossos saberes e nossas práticas. Escrever no tremor das duas democracias, para abrir a possibilidade de outros circuitos, outros afetos, outras formas de nos afetarmos no desejo e na luta.

Escrever a partir de duas línguas figura aqui também como um escrever entre, lugar por onde se infiltra um desejo de dobra e de nuance. Escrever entre é, até certo ponto, trazer para o cerne da nossa experiência o diálogo em diferença; experimentando a fricção entre os nossos textos como superfície áspera e deslizante. Pele performativa que percorre também os nossos corpos escritos. É sobre esse viés que falamos dos processos de escrita inacabados, precários ou bordejantes da e na linguagem como operadores de subjetivação político-afetiva. Nesse sentido, "clínica da cultura" e "pedagogia pública" funcionam não somente como modos de ler os fenômenos que aqui buscamos tratar, mas também de viver a forma de escrita que monta este ensaio e se conecta aos impasses das afecções difíceis, por vezes inabordáveis, e o limite de muitas das experiências que dão contorno às nossas construções enquanto indivíduos e aos nossos processos de construção crítica do contemporâneo.

A dobra deste livro sobre ele mesmo, estes dois ensaios lado a lado, é um convite ao exercício que nos mostra, aqui e agora, que dobrar não é superpor – o passado fascista sobre o presente neofascista, as ancoragens totalitárias de nossas infâncias sob os grandes regimes ditatoriais sul-americanos, a bronca argentina e a cordialidade brasileira, a insuficiência democrática e as nossas submissões indesejadas, porém presentes – mas abrir a brecha das diferenciações pessoais, próprias, entre cada uma dessas dobras. Em um tempo em que o dizer arrisca-se sobre os territórios do aniquilamento da palavra e em que o poder advém do estado de dominação, repetimos: os regimes das afecções desafiam as materialidades discursivas e vice-versa. Borda dos corpos [bordas das nossas línguas] como desafio de politizar nossas

Pensar o desafio presente 19

margens e fronteiras. Mais do que demolir ou erguer muros, escrever sobre eles. Foi o que consideramos aqui: tudo se escreve. Incluindo a força mais brutal. Ou o ranger dos dentes do ódio.

Ana Kiffer e Gabriel Giorgi
Paris, Nova York, julho 2019

O ÓDIO E O DESAFIO DA RELAÇÃO
ESCRITAS DOS CORPOS E AFECÇÕES POLÍTICAS
Ana Kiffer

> *Toda percepção porque*
> *implica um espelhamento de*
> *forças, contém o germe*
> *de uma situação caótica.*
> José Gil

CONTEXTO E PREMISSAS

Este texto começou a ser escrito no seio das aflições políticas que surgiram logo após a eleição de Jair Messias Bolsonaro no Brasil, em outubro de 2018. Até mesmo a surpresa, que de certo modo afetou os diferentes agrupamentos, partidários ou não, de setores da esquerda e da centro-esquerda, foi importante na busca por releituras e reflexões que procurarei empreender. Essas reflexões estão atravessadas pelos momentos anteriores ao quadro atual, e que, grosso modo, ambientam-se a partir das manifestações de 2013, passando pelo golpe contra o governo Dilma Roussef (2016), a prisão de Luís Inácio Lula da Silva (abril de 2018) e a eleição de Bolsonaro (outubro de 2018). No entanto, e esse é o ponto fundamental deste ensaio, não falarei do ponto de vista político *stricto sensu*, mas de uma perspectiva centrada nas afecções políticas.

Entendo que uma reflexão sobre essas afecções assenta-se numa análise que busca desenhar um conjunto de gestos antes mesmo que eles se tornem discurso político ou obra artística a serem analisados. Decerto a ênfase nas afecções, e neste caso nas afecções políticas de um tempo, parte do estudo ou da atenção dada aos corpos em sua relação com os conceitos, ideias e valores e as suas formas de inscrição na vida, em como as artes e as escritas alteram nossos contornos corpóreos, e mesmo em como a insurgência viva desses corpos no seio das manifestações políticas altera o desenho dos corpos coletivos organizados.

Os gestos como traço desses corpos vibráteis, desse balbucio buscando irromper no campo discursivo, delineiam algumas das afecções políticas (afecções que irrompem no tecido coletivo determinando uma nova cena) que na maior parte das vezes nos surpreendem como algo inesperado. Já identificamos que tais gestos ou "corporalidades vivas e insurgentes" começaram a eclodir nas manifestações de 2013. No caso do Brasil, esse acontecimento "coincidiu" – liberou e produziu – inscrições de vozes, grupos e reivindicações minoritárias de forma incisiva e definitiva. Mas também deu a ver o esgotamento dos grandes quadros de representação política de que dispúnhamos no momento. Esgotamento que não se limitava ao governo do Partido dos Trabalhadores (PT), mesmo que este tenha "sofrido" frontalmente dessas insurgências "contrarrepresentativas". O que parece também evidente, dado que era esse o Partido no Executivo nacional nos últimos 13 anos. As críticas eram, nesse sentido, tanto inevitáveis quanto necessárias, expressando insatisfações reais. Mas ainda assim parece importante sublinhar hoje esse momento, em suas diferentes insurgências corpóreas para que possamos começar a separar e singularizar as afecções políticas que foram se configurando desde então até a eleição de Bolsonaro.

Isso porque é fundamental para a construção de novos horizontes de diálogo diferenciar e buscar deslocar um conjunto de teses e um "sentimento nacional" de que as reivindicações minoritárias foram e/ou são responsáveis pelo esfacelamento dos grandes quadros de representação política e, em consequência, pela eleição de figuras que se mostram aparentemente "fora do sistema político" no qual, no entanto, vivem e se elegem. Bolsonaro não foi eleito porque em 2013 as vozes minoritárias gritaram. Mesmo que sua eleição desenhe o confronto e o desejo de aniquilar essas mesmas vozes.

As afecções políticas que surgem no seio das reivindicações dos grupos minoritários desarrumam, incomodam e exigem revermos uma grande camada recalcada de alguns mitos e conceitos políticos nacionais. No caso do Brasil, o da miscigenação, o de uma sociedade igualitária entre homens e mulheres, brancos e negros, mas, e este é o ponto crucial e difícil, também exigem revalorar aquilo que, como efeito do recalque, delineia uma atmosfera afetiva aparentemente apaziguada e/ou pacificada num determinado tempo e numa certa sociedade. No nosso caso parece evidente que parte dessa

O ódio e o desafio da relação 23

mitologia conceitual apaziguadora vem, por fim, nos mostrar como essas afecções se calcaram num grande "desvio",[1] num modo que criamos para evitarmos o olhar frontal sobre uma série de conflitos e impasses inerentes ao nosso "viver juntos" separados. Logo, o difícil dessas exigências minoritárias não repousa no esfacelamento das representações políticas (cuja crise é mundial), que levaria a uma candidatura antissistema, como de forma causal. Mesmo que possam ser aproveitadas para aquilo que dessa crise importa como modo de desmobilização política hoje, o difícil reside no circuito das afecções políticas recalcadas, e que vem à tona. Afecções que no seio das intempéries do sistema neoliberal, podem insurgir com força caótica, como liberação e descarga brutas e brutais, porque nunca tratadas, acolhidas ou recebidas nesse ser ou "viver juntos" separados. De fato, é também esse tecido comum que sempre foi esgarçado quando o recalque de um conjunto de afecções políticas se efetuou, se consolidou e se traçou. Os sentimentos de inferioridade, de desprezo pessoal, o racismo estrutural, a profunda desigualdade social e racial, entre outros, nada mais são do que a expressão dessa ejeção de um solo comum, expressão dessa fratura há muito existente, e que, já partida e partindo os nossos laços, não permitem mais que nos reconheçamos nem em nossas diferenças nem em nossos conflitos, dificultando inclusive a percepção de nossas semelhanças.

---

1. Remeto aqui ao conceito de desvio de É. Glissant, *Les discours antillais*.

No caso do Brasil, as reivindicações minoritárias, que ganharam corpo a partir de 2013 e buscaram levantar alguns dos nossos recalques político-afetivos, apareceram nas vozes dos movimentos das mulheres, da chamada quarta onda do feminismo mas, e sobretudo, nas reivindicações do povo negro e das feministas negras.

Sob esse aspecto importa ainda reler teses (aqui vou me ater sobre a tese de Vladimir Safatle no livro *Quando as ruas queimam: manifesto pela emergência*, de 2016) que buscaram ligar as manifestações de 2013 – e as vozes e reivindicações minoritárias que ali emergiram – como sendo até certo ponto responsáveis por esse desejo de conservadorismo e de violência que surge ligado à candidatura e à posterior eleição do atual presidente do Brasil. Isso porque os novos horizontes de diálogo e de relação entre nossas diferenças dependerá da nossa capacidade de ultrapassarmos as dificuldades dessas inúmeras zonas de conflito e as afecções que ali insurgem. Trata-se agora também de reconhecer as forças anteriores, base desse grande desvio conceitual-afetivo em relação a nossa própria história. Trata-se de entender a força do recalque que esses conceitos e modos de narrar a nossa história produziram como fonte de energia, de afecção política nas vidas ali encerradas. É preciso ao menos notar que esses desvios conceituais foram sendo consolidados há muito tempo, no interior dos grandes quadros de leitura do Brasil, que, não por acaso, eram efetuados por uma mentalidade branca, em sua maioria masculina, e assentados numa ideia de representação política que hoje também exige ser revista.

O ódio e o desafio da relação   25

A insurgência das mulheres – dessa nova lufada do feminismo no Brasil, decerto a mais definitiva, definida e definidora (e mesmo e também por seus conflitos e diferenças internas) – e das reivindicações do povo negro – feministas negras, novos intelectuais negros na universidade – vêm disputando esses grandes quadros de leitura e inserindo novas narrativas (ou contranarrativas) e novos conceitos[2] no interior desse debate. Isso também ocorre no âmbito das religiosidades, em que nota-se que o "povo de terreiro" busca novas inscrições espaciais, territoriais e afetivas das religiosidades de matrizes africanas, deslocando-a (sem nenhum desprezo, que esteja claro) de seus velhos patronos brancos (Pierre Verger, Jorge Amado, entre outros) e inscrevendo-as no seio de uma reivindicação que eu chamaria de crítica e clínica da sociedade. Logo, oferecendo novos modos de saúde, de cultura do corpo e já não somente "mitologias" face à nossa sociedade "cordial" e crente de seu "sincretismo" e de sua "harmoniosa miscigenação". Hoje tudo isso exaspera. Um grande *nós* em conflito e de novo o risco brutal da aniquilação. Mais uma razão para buscarmos meandros, matizes e nuances que abram o conflito onde se encerram os ódios.

---

2. Cito por exemplo o impacto do livro *Lugar de fala*, da filósofa e ativista negra Djamila Ribeiro.

AS AFECÇÕES POLÍTICAS COMO CONTRANARRATIVAS ÀS TENTATIVAS DE FIXAÇÃO DAS IDENTIDADES

Quando me centro nesse olhar que busca enfrentar os conflitos atuais sob a ótica das afecções políticas (e suas inscrições no corpo e em novas gestualidades corpóreas), me ancoro no desejo de discutir ou de propor uma leitura das identidades menos calcada em seu caráter representativo e mais ligada ao seu aspecto corpóreo, menos ideológico ou psicológico.[3] As gestualidades do corpo são, em sua maioria, e ainda mais quando apontam para quadros insurgentes, novas percepções coletivas ainda incipientes. Suas inscrições são na maior parte das vezes atos performativos dos corpos ou dos discursos, banhados pelas forças ainda caóticas, sempre *pré*, ou mesmo *anti*discursivas. Distanciando-se do conjunto dos grandes discursos sobre a língua, a nação, as raças e os povos que balizaram, na cultura ocidental, muitas das reflexões e concepções que acompanharam ou forjaram os substratos das identidades.

Além dessa atenção ao *pré* ou ao antidiscursivo dos gestos e das corporalidades insurgentes, este texto adota um modo crítico de reflexão que não se abstém de suas próprias razões afetivas e estéticas, de sua própria pele performativa. Essa posição crítica fala da importância

---

3. Sabemos que as identidades já vêm sendo pensadas em seu caráter relacional, fluido, e não enrijecido ou essencialista. Ver, por exemplo, N. Heinich, *Ce que n'est pas l'identité.*

O ódio e o desafio da relação 27

que dou ao fato de que mesmo um texto crítico já não é mais tão somente a transmissão de um conteúdo ou da discussão de conceitos e de ideias. A minha atividade de escrita poética e ficcional me impede de caracterizar a atividade crítica como sendo exclusivamente dessa ordem, assim como a minha formação em psicologia e os anos de psicanálise me impedem de descolar qualquer conteúdo político ou crítico de sua intrínseca relação com certa clínica da cultura[4] e da vida, profundamente conectada ao caos do mundo e ao desejo de produção de novos processos de subjetivação já em curso, muitas vezes de um modo ainda informe ou, se preferirem, inconsciente em nossas sociedades. Reativar esses laços da palavra crítica com a clínica e com a sua própria vocação inventiva é um modo de criar aqui mesmo, no interior do texto, algum laço e convite que chamarei de subjetivador político.

Esses laços [intelectivos decerto, mas não somente] navegam e se espraiam na multiplicação de experiências corpóreas, que, no caso do Brasil, fazem apelo urgente à necessidade de transformarmos o campo das nossas vivências comuns. Nunca vivemos juntos nesse país imenso. Mas seu território, sua industrialização cheia de saltos – como os 50 anos em 5, de Juscelino Kubitschek – seus mitos sincréticos, sua alegria ["a alegria é a prova

---

4. Encontra-se na sua fase de escrita final o ensaio que intitulo "Afecções de borda – por uma clínica da literatura e da cultura" que desenvolverá de forma mais vertical alguns dos pontos aqui apontados e, sobretudo, a concepção do que venho chamando de clínica da cultura.

dos nove", de Oswald de Andrade], ah, sua alegria, e a sua tão falada ausência de memória já não respondem mais às afecções políticas do hoje. É disso que se trata, no fundo: nunca vivemos juntos. E precisamos falar disso. Das nossas separações, dos nossos desligamentos comuns. Entendo que o desenho desses desligamentos é um investimento crítico-clínico nos laços, naquilo que vou buscar reativar através do conceito de Édouard Glissant como sendo os desafios atuais de uma política-poética centrada nas afecções da *Relação*.

A pele performartiva desse texto fez com que o pensasse em forma de tríptico. Inspirada, obviamente, pela leitura de Gilles Deleuze[5] da obra de Francis Bacon – buscando aquilo que no tríptico foge ou escapa, qual seja: a nossa narratividade exaustiva e/ou totalizadora – que por séculos vem balizando as nossas aspirações críticas. Mas também a fuga do abstracionismo conceitual. Logo, tentar evitar os dois grandes demônios da crítica: o excesso de explicação e o excesso de hermetismo.

Há ainda outro ponto importante nesse texto e no seu desejo de montar com ele um breve tríptico: como pensar o agônico[6] do nosso tempo sem nos rendermos por completo ao arcabouço linear da história e aos seus tempos derivados, tais como o cíclico, o retorno, entre outros? E sem tampouco nos entregarmos a ideia de que tudo é absolutamente novo? Acredito que essas cenas

5. G. Deleuze, *Lógica da sensação*.
6. Ver C. Mouffe, *Agonistique: penser politiquement le monde.*

O ódio e o desafio da relação 29

do tríptico, cruzadas entre tempo e espaço, como tentarei construir aqui, ajudam a evitarmos, não sem falhas, esses dois extremos da abordagem do presente. Instalo então três cenas de escritas dos corpos e das afecções políticas que desenham este texto: a cena da compulsão, a cena das bordas e dos corpos e a cena da *Relação*.

Escritas dos corpos porque, como disse, não me interessa pensar as identidades em seus aspectos ideológicos nem psicológicos, mas sim fisgar esses laços identitários, esses marcadores, essas linhas de fuga e ao mesmo tempo de definição informe ou um tanto inconscientes. Essas linhas que marcam uma curva definidora de uma época, mas, ao mesmo tempo, escapam das nossas tentativas de aprisioná-las. Porque as linhas, quando se traçam ou insurgem, nunca são conscientes ou programáticas, elas estão mais próximas aos circuitos inconscientes e sensitivos do corpo. Logo, o que eu era ou sou, como identidade mais ou menos estável, o antes e o depois, como tempos históricos delimitados, importam menos nessa temporalidade do tríptico, que é antinarrativo, antifigurativo, antidiscursivo e ainda assim intensivo, prenhe de gestos, golpes, afecções.

Importa, sim, notar que essas linhas, mesmo que indiquem um certo horizonte de um determinado tempo, elas o fazem como gérmen que, como críticos, desejamos agarrar. Mas que saibamos que as linhas erram, escapam, fogem. As tomamos como ferramentas para traçar uma cartografia do agora. Ferramenta importante quando se trata de captar movimentos ou afetos inconscientes, gestualidades insurgentes. Posto que as linhas, por sua própria errância se aproximam mais dessas afecções e percepções ainda incertas, inconscientes e móveis. Corpos traçando novas formas de estar no mundo. Existências resistentes ao discurso e à palavra, que se inscrevem, como toda gestualidade, num corpo presente. Daí muitas vezes a dificuldade também de tratarmos o seu aspecto resistente, que escapa.

Interessa a mim, nesse escopo, uma gestualidade repetitiva, um lodo, um resto dos gestos dos corpos. Além de repetitiva, ela, por vezes, assume um caráter aglutinador, definidor. No caso da cena da compulsão, parto dessa premissa. Mas a repetição também abre a porta de uma função relacional. E não deve, portanto, ser vista apenas como núcleo de um passado traumático no presente, mas também como um modo de instauração de novos processos que, em se repetindo, abrem-se, reabrem-se. Processos esses que sugiro pensar em tensão e conflito com os modos de organização já arraigados dos nossos sistemas simbólicos e discursivos, logo, com as nossas possibilidades de enunciação ou não. Essa cena da compulsão rebate-se sobre os meandros entre os corpos e as suas bordas – discursos ainda frágeis e irrupções de novos modos de poder-dizer. Nessa cena dos corpos e das bordas escrevemos como repetimos – gestos. Desenhamos e grafamos forças. Rabiscamos muros. Rasgamos papéis. Criamos cartazes-corpos. Incorporamos palavras nascentes. Nomeações que germinam para problemas ainda não vividos nem enfrentados. Escritas precárias face à precariedade brutal e ao caos dessas afecções ainda sem rumo ou resposta.

O ódio e o desafio da relação

Não contamos muitas dessas narrativas ou "contra-narrativas", nem ainda as interiorizamos necessariamente e/ou *a priori* como o sistema simbólico disponível nos exige. Repetimos por vezes tão só para que isso ou para que algo se faça. E que fique ali um traço: *uma vida qualquer passou por aqui. Eu também existo. Vejam-me!* Expressões que atravessam essas novas escritas, esses gestos dos corpos e insurreições comuns. Nessa cena há um processo de abertura da força do ódio, próprio ao rasgar, como ao retraçar dos e sobre os sistemas discursivos e simbólicos instaurados. A abertura, no entanto, alerta para um processo de deslocamento do caráter aglutinador e definidor da repetição, possibilitando aí mesmo os seus gestos de e em *Relação*. É o caso da Cena 3. Inspiro-me aqui nas contribuições de Glissant,[7] deslocando-a de sua função exclusivamente poética e inscrevendo-a no seio da cena política contemporânea.

Como aponta Glissant, toda relação é desafiadora. Ela é de fato uma função aberta e impedidora do exercício de previsão. Exercício este que sedimenta o aparato crítico e, não por acaso, a maior parte das análises de conjuntura promovidas no Brasil falharam no que tangia à previsão da eleição de Bolsonaro. Mas, por outro lado, toda relação é também liberadora de um contato, diria mesmo de uma "intuição". A intuição insurge tocando, dedilhando, ela é como borra, ela escreve como quem tateia, balbucia como quem diz e, assim, quando vemos, rasga o tempo presente.

7. É. Glissant, *Poétique de la relation* (Poétique III).

CENA 1: COMPULSÃO

A compulsão foi pensada majoritariamente sob a égide da repetição (Freud, Lacan) e, eventualmente, sob a sua possibilidade ou não de criar brechas diferenciais no seio da repetição (Nietzsche, Deleuze). No âmbito das políticas do corpo, a compulsão vem sendo – ainda de forma incipiente – pensada no conjunto do que entendemos ser essas afecções políticas,[8] mais dissonantes ou heterogêneas e menos aglutinadoras, como anteriormente parecia ser a figura dos líderes políticos.[9]

Parece fundamental destacar dois eixos sobre a questão da compulsão/repetição. Num deles estamos diante dessas grandes afecções políticas, presentes nas manifestações,[10] e insurrectas em toda uma gestualidade do corpo que nela se repete. Tomo como ponto de inflexão a percepção, o gesto e o ato de colocar o braço em punho.[11] Tal gesto vem aglutinando, como um ícone, a noção de revolução no Ocidente. No outro eixo, notamos que, em alguns momentos, a repetição desse gesto, verdadeiro

---

8. F. Lordon, *Les affects de la politique*.

9. C. Mouffe, *Pour un populisme de gauche*.

10. Indico aqui a leitura da tese de doutorado que dirigi na PUC-Rio da pesquisadora C. Zarvos, *Narrativas da peste, poéticas e estéticas de contágio: da Primavera Árabe às Jornadas de Junho*.

11. Veja por exemplo como esse mesmo e simbólico braço se repete na marcha das mulheres contra Bolsonaro. Disponível em: <https://pt.euronews.com/2018/09/30/mulheres-aos-milhares-contra-bolsonaro>. Acesso em: 16/10/2019.

O ódio e o desafio da relação

símbolo vivo e atualizado pelos corpos do presente,[12] é eventualmente fixada, deslocada e manipulada na construção de novos atores políticos, como foi o caso da campanha de Bolsonaro, este político que, mesmo que tenha sido e seja um velho político, à sombra e sempre presente nos bancos do poder, foi reinventado para insurgir como "liderança", com ares "novos" e "antissistema".

No caso específico dessa gestualidade revolucionária do braço em punho, vimos que a campanha de Bolsonaro deslocou-a, vindo a fixá-la de outra maneira, fazendo-a se alojar em dois outros gestos. Num deles, o braço ergue-se na altura do ombro, numa espécie de dança, mas também de referência (será ela uma reverência?) ao grande gesto nazista.[13] Os dedos seguem também a linha do braço e estes operam essa espécie de cadência de um corpo militarizado e ao mesmo tempo "embalado" pela "alegria" de um Brasil "perdido". Refiro-me aqui, sobretudo, aos vídeos de sua campanha, produzidos para se aproximar dos estados brasileiros do Nordeste, em que seu apelo e carisma eram mínimos, dado às fortes ligações de Luís Inácio Lula da Silva com toda essa região do país, de onde ele mesmo veio, carregando, encenando e atuando essa força do bravo e forte povo nordestino, que por tanto tempo habitava somente o imaginário da nossa

12. Foram inúmeras as manifestações que, de 2013 até hoje, reencenaram esse gesto internacional da luta – o braço em punho!

13. Disponível em <www.youtube.com/watch?V=bgzekya4bow>.

34   *Ódios políticos e política do ódio*

"grande"[14] literatura nacional. No outro gesto, também operado por Bolsonaro e simpatizantes, mas que ainda assim deriva desse símbolo corpóreo do braço em punho do revolucionário, observamos que o punho se desloca para o dedo indicador, e em seguida para a arma. Surge aqui um gesto político novo. Um verdadeiro novo operador de subjetivação política. Esse gesto se repete, se expande, cola-se aos outros corpos compulsivamente e cola um corpo ao outro, parecendo, por mais agressivo que seja, querer aproximar os corpos. Ele parece vir de uma sensibilidade e de uma escuta desse desejo já inscrito no caldo dos nossos corpos em violência caótica, mas também em estado de segregação e agonia. Deveríamos nos perguntar: o que esse gesto aglutina e/ou fixa no Brasil de hoje?

Nota-se que, ao mesmo tempo em que é um gesto que personaliza: é você quem é chamado e convocado a fazer

14. A ironia ao grande diz respeito ao fato de que não podemos negar que a literatura nacional canonizada foi até hoje majoritariamente escrita pelas mãos das elites brasileiras, em sua maioria homens, e, no caso do Nordeste, alguns deles oriundos de famílias de senhores do engenho. Isso não exclui o valor dessas obras tampouco seu caráter de denúncia e engajamento típicos do realismo social dos anos 1930. Mas não podemos hoje negligenciar que outras vozes reivindicam serem incluídas, reivindicam suas histórias a serem contadas por suas próprias mãos e que tudo isso nos obriga, de forma salutar, a rever a história da literatura já canonizada não em seu valor, mas nos dispositivos do sistema de poder que a possibilita e legitima, muitas vezes em detrimento e ou apagamento de outras escritas realizadas sobre outros modos – incluídos os da oralidade – ou ainda por se fazerem.

O ódio e o desafio da relação   35

essa política com ele [o dedo indicador tem também essa função de endereçamento e apelo], ele se assenta sobre toda uma gestualidade da violência e do ódio, que não deixou de ser até certo ponto tematizada pelo rap, funk, e mesmo por certa filmografia contemporânea, mas que nunca alçou o patamar de uma força instituinte e subjetivante do político.

Gesto que o presidente eleito institui desde o carro oficial em seu desfile de posse, deslocando-o de uma insurgência para uma nova inscrição simbólica: agora e ali instituída – o dedo em arma desfila a céu aberto e assume a casa do poder maior do país – o Palácio da Alvorada.

Destituído de palavra e de um discurso que o legitime, quando o gesto se faz, desse modo instituinte e instituído por um presidente, ele acaba por assumir uma valência ampla, por vezes ambígua, até porque celebratória e convidativa. Tudo ao contrário, no entanto, do que a afecção política que o produz enceta: extermínio dos povos ameríndios, negros, gays, lésbicas, trans, mulheres, feministas, "vermelhos", entre outros. Quer dizer: ele capta sensivelmente um desejo de violência que é, na maior parte das vezes, sem objeto (uma espécie de espelhamento de forças e germe de caos, como aponta José Gil),[15] ele o multiplica, mas, o pior, ele o pauta, ele o institui, atrelando esse gesto ao exercício mesmo do poder: aglutinando-o, dando-lhe caráter, traço e definição de uma subjetividade política legitimada. Sem que

15. J. Gil, *Trajectos filosóficos.*

muitos, incluindo alguns que ali se espelham ou se identificam,[16] o saibam. Ele liga essa afecção desorganizada do corpo a uma verdadeira pauta política de extermínio e segregação. E cria, assim, esse espaço de um novo subjetivador político. Um gesto → Um espelhamento de forças caóticas → Um desejo livre de objeto → Um só gesto e com ele um país vai assumindo e delineando uma separação ainda mais profunda daquela que nele já apartava, e já vivia, digamos, em estado de desligamento.[17] E tudo isso nos espanta, posto que sequer notamos onde tudo começou. Porque, de fato, a cena da compulsão/repetição não tem início nem se estabelece sobre uma linha causal, mesmo que as análises *a posteriori* encontrem muitos dos seus pontos de ancoragem.

O que de fato potencializa esse gesto é que ele responde a essa afecção precária ou de borda[18] do ódio há

---

16. Digo isso para marcar a necessidade de pensarmos que nem todo eleitor de Bolsonaro é fascista, ou de extrema-direita, mas decerto ele poderá vir a ser. Indico aqui a leitura do cordel, editado pela n-1 de Tatiana Roque. Ver: J. M. Gagnebin; T. Roque; C. Rodrigues, ELASSIM#.

17. Quando escrevo desligamento tenho em mente o termo em francês: *déliaison*. Palavra que remete também ao rasgar, a algo que se rompe. Ela nos importa para pensarmos a Relação.

18. No cerne de minha bolsa Capes, Edital de Professora Visitante Sênior, na Université de Paris 7, venho desenvolvendo, ao longo do ano de 2018-19, uma pesquisa e um livro de ensaio, aqui já citado em nota, que versa sobre essas afecções de borda e os desafios de pensá-las a partir da ideia de Relação (É. Glissant, *Poétique de la relation*), no interior de uma cultura que nos impõe o desligamento e a inimizade (A. Mbembe, *Politique de l'inimitié*), como políticas da vida contemporânea.

O ódio e o desafio da relação   37

muito existente, em muito negligenciada, e até então nunca aglutinada enquanto modo que subjetiva o político, como ocorre agora. Fato é que não há cultura da violência que não esteja banhada no caldo do ódio. A questão que se impõe, no entanto, é hoje diferente. Já não é suficiente conhecer as estruturas de violência e a história antidemocrática que construiu e constrói o Brasil nesse caldo de violência e ódio. Mas, quiçá, começarmos a perguntar como conceber, movimentar e criar linhas possíveis para a inscrição desse ódio sem que ele seja aglutinado sobre o seu próprio centro, qual seja: o desejo de eliminar o outro. Ou, ao menos, nos perguntarmos sobre essas afecções em suas nuances, como operam, desde a sua precariedade compulsiva, a sua verve inventiva e necessariamente criadora que vêm constituindo o modo de vida da maior parte dos cidadãos brasileiros já apartados e imersos no caldo quente das violências históricas e estruturais. Perguntar-nos como diferir esse ódio criador de vidas no seio do abandono, da exclusão, da precariedade e do atentado constante ao próprio direito à vida do ódio – dispositivo político – que se aglutina em gesto e resposta como desejo de aniquilamento?

Creio que é importante, por um lado, nos deslocarmos de um olhar que crê que o amor e seus constelares, solidariedade, humanismo, entre outros, responderão à força do ódio. É preciso notar que estamos atravessando uma mudança paradigmática, que as reivindicações minoritárias não vieram para desfazer senão que para alterar a lógica intrínseca do universal, mas que também as

38 *Ódios políticos e política do ódio*

forças de desligamento que criarão correntes de aniquilamento do ódio e seus potenciais dispositivos políticos não são passageiras, mas bases de ligação no seio do desenlace estrutural do tecido comum.

Atravessamos, sob este aspecto, uma espécie de mutação epistemológica mundial. Ela gera incômodos terríveis, sobretudo porque já não se ancora plenamente nos antigos marcadores de esquerda, fazendo com que, muitas vezes, para nossa estupefação, grupos minoritários apoiem candidatos e algumas medidas da extrema-direita. Num certo sentido, isso aponta também para o fato de que a abertura da ferida racista e classista, crucial e dolorosa de ser enfrentada por nós, exigindo a necessidade de separação da história branca que engoliu ou apagou essas marcas, hoje corre o risco de ser capturada pelo dispositivo político do ódio. Custo ainda mais alto, e para todos nós, quando vemos que a nossa própria incapacidade em reconhecer essas feridas faz, muitas vezes, com que ela volte hoje manipulada nas mãos de quem deseja enterrá-las, aparentando ouvi-las direcionando os desligamentos e as separações [que negligenciamos] para a direção do apagamento e do aniquilamento. Como se trata de forças correlatas, mesmo que muito diferentes, observa-se como, muitas vezes, a maior parte dos movimentos de insurgência do dito "precariado"[19] pode ser rapidamente capturada pelas forças de extrema-direita e se confundir com uma espécie de nova ordem, que, no entanto, agoniza internacionalmente.

19. G. Standing, *Le précariat: les dangers d'une nouvelle classe*.

Essa transformação paradigmática pela qual passamos exigiria um novo modo de conceber o corpo, a reprodução, a noção de família e de infância, entre outras redefinições. Sabemos, por exemplo, que a noção de infância, assim como a noção que ainda temos do corpo humano, foi sendo tecida ao longo de séculos. Ligada aos ideais de organização moderna da sociedade ocidental, ela cria e disciplina um determinado corpo. Estamos falando de mais de quatrocentos anos. Ora, uma mutação dessa epistemologia da vida, como a que atravessamos já há algumas décadas, decerto não se faz sem grandes abalos. Perdas, custos. E tempo. Algo que o mundo da concorrência e da competitividade nos faz sentir e crer que não temos mais. Justo o tempo, o tempo que, no entanto, precisamos ter para poder mudar. Logo, permanece a pergunta: como passar, construir, atravessar essa mutação sem erguer modos já existentes – de extermínio, de totalitarismos e de brutal exclusão? Como fazer com que a repetição (feita de correntes livres do desejo, germe de caos, sem objetos únicos ou específicos, banhadas pela necessidade de ativar os circuitos intensivos e tantas vezes anestesiados dos corpos contemporâneos, feita ainda desse caldo de uma vida que nos exige repetir, estar ali todo tempo, para conseguir, para "alcançar") não se inscreva sobre a linha histórica de uma repetição do passado? Unificando-a num imenso já vivido: extermínio, exclusão e morte?

CENA 2: CORPOS DE BORDAS, BORDAS DOS CORPOS

É aqui que entendo que a questão do ódio exige ser reaberta, enquanto afecção a ser revista conceitual, jurídica, política, estética e subjetivamente. Logo, trata-se de uma questão a ser ressemantizada por todos nós, e mesmo para além dos muros universitários. O que nos obriga a interrogar como abriremos espaços que inscrevam, instituam tal afecção como modo também de organização liberadora e não apenas de desorganização que se exerce exclusivamente focada no desejo de matar ou de aniquilar, como as matrizes do pensamento ocidental vêm nos mostrando.

Como o ódio pode escutar?[20] E o que ouvimos em situações de ódio? Como nos escutamos e às nossas sociedades em situação de ódio? Como sair da linha dura do "dedo em arma bolsonarista" sem cair na vergonha do nosso próprio ódio?[21] Como ouvir, incluso na dor, que

20. No colóquio Le Discours Antillais, que participei em Paris, em abril de 2019, o pesquisador e poeta Courcil evocava em sua fala que, em Béké, "dizer" e "gritar" são o mesmo verbo. Parece importante assinalar a possibilidade de pensar que muitas das afecções impedidas de circularem, nos corpos e nas vidas, encontram-se inscritas de algum modo nas nossas línguas. Gritar é decerto um modo de dizer que inscreve a força plástica, mas também agônica dos nossos ódios, eles mesmos dizeres de tudo que não foi ouvido. Ver difusão online das palestras em: <http://tout-monde.com/centre.colloque2019.html>.

21. Lembro aqui do texto de Glauber Rocha "A estética da fome", de 1969, no qual o autor fala da vergonha ligada à condição de subdesenvolvimento, que alimentaria esse complexo, em torno do qual ainda

O ódio e o desafio da relação　41

esse gesto, em se deslocando, ou em podendo vir a se deslocar, do dedo em arma, que hoje institui e subjetiva o terror político sob tantos aspectos, responde ao que talvez ainda não tenhamos ouvido entre nós? Gritos emudecidos.

Em seu texto, presente neste livro, o crítico Gabriel Giorgi analisa a força de corrente liberadora e da palavra até certo ponto anônima, mas, sobretudo, criadora que o ódio pode inscrever quando solto de suas amarras e bolsões repetitivos do passado. Essa força inventiva do ódio, mesmo que date de toda leitura que busque se acercar das gêneses da criação e dos riscos que tal gênese porta, me parece hoje fundamental para pensarmos os novos processos e modos de subjetivação política. Decerto ela exige repensar, como ele postula, as bases do que até então construímos ou erguemos como noção de sujeito democrático:

> *Equívoco de nossa época seria imaginar um sujeito democrático como um sujeito "livre de ódio", capaz de sublimar suas paixões em uma prática de consenso e deliberação, na qual a escrita cumpriria um papel fundamental nessa educação dos afetos para uma civilidade abstrata ou ideal.*[22]

rodamos, de que nossas necessidades, desejos e afetos são motivo de vergonha, traços de um corpo social subalternizado, bárbaro, não civilizado diante do arcabouço colonial.

22. G. Giorgi, "Arqueologia do ódio. Apontamentos sobre escrita e democracia".

De fato, esse equívoco que aponta Giorgi, e que não para de literalmente explodir diante de nós, de nossas vidas e cidades, remonta tanto à crise geopolítica internacional, ligada aos rumos do pós-guerra e às falências que esses rumos desvelaram numa hierarquia de grandes e novos *apartheids* negligenciados, quanto à exigência de que saiamos de uma noção na qual no destino da afecção do ódio só cabe o seu processo sublimatório enquanto processo pacificador, diria, ainda mais longe, homogeneizador e de limpeza para a constituição dos sujeitos democráticos. Vemos hoje que uma situação mais agônica do que antagônica vem caracterizando os processos de vida (e logo de ódio e de amor) nas ditas sociedades democráticas. Essa transformação exigiria, por um lado, sair da visão conflitante e binária amor x ódio, pacificação x extermínio (aliás, sabemos como muitas das políticas de pacificação são políticas do ódio enquanto limpeza e extermínio) e, por outro lado, encontrar processos de subjetivação mais concretos, e mesmo corpóreos, de inscrição do ódio como afecção política construtiva, mesmo que momentaneamente desorganizadora.

Uma das premissas dessa questão residiria no fato de que qualquer processo de inscrição deve ser valorado como processo político subjetivante. Sua matéria exigiria sempre um deslocamento e uma escuta local, um desenho mesmo que caótico de um terreno ou território de ação do ódio. Em seguida à delimitação dessa insurgência, de sua cartografia afetiva e política, quem sabe possamos começar a pensar nas novas gestualidades e

O ódio e o desafio da relação 43

máquinas corpóreas que essas inscrições reivindicam; e em seu potencial ou não de que isso fissure para ampliar os regimes discursivos e os nossos sistemas simbólicos.

Tudo isso só é possível se, de algum modo, encararmos que os corpos já não podem mais ser pensados nem vividos enquanto corpos próprios. Se consideramos tanto a força anônima dessas "correntes" de ódio, quanto a constatação de que o destino da sublimação não é pacificador, senão que possibilitador de um comum mais apto a viver também em seus "estados" agônicos. Trata-se de produzirmos um gesto de circulação e de mobilidade e não de rigidez e fixidez que vem caracterizando o entendimento acerca da afecção de ódio. Os processos de sublimação adquiririam aqui uma valoração ao rés do chão. Fora dos ditames da elevação que vem lhe caracterizando. Seus operadores inscrevendo-se mais sobre uma espécie de suporte de corpos agônicos. Mas como suportar corpos agônicos em comum? Como entender que esses próprios corpos agônicos são hoje suporte, no sentido de tecido, papel e máquina, dos nossos sistemas discursivos? Como fazer com que suporte não coincida só com flagelo, suposto, supliciado – corpos passivos? Como multiplicar corpos agônicos como suportes ativos dessas novas subjetivações políticas? Corpos não pacificados já não pedem licença, exigem existência.

O que venho buscando pensar sob a noção de escritas [afecções] de borda é exatamente essa abertura aos processos de inscrição do ódio [entre outros], que deveriam regular de forma mais porosa o que vimos consolidando como sistemas escriturários e de enunciação. São escritas agônicas e que, muitas vezes, agonizam sem voz ou lugar. E, no caso dos países pós-coloniais, onde o índice de analfabetismo e exclusão são imensos, o que vimos considerando como sendo o próprio sistema escriturário, discursivo, simbólico, logo, literário, artístico e político, deve ser revisto a partir desses estados de agonização da palavra. Muitos desses sistemas buscaram abrir-se, não sem resistência e golpes, mas ainda se mostram – enquanto sistemas – altamente elitistas, fechados e rígidos. São, em sua maior parte, guiados por verdadeiras capitanias hereditárias. Regimes feudais, herdados por estados que nunca foram de direito, senão que hereditariamente adquiridos. Não haverá reforma política sem reforma discursiva. E o discurso, o direito ao discurso, o que chamo de poder-dizer (como uma só e mesma palavra) é equivalente ao direito à propriedade no Brasil.

A crise dos marcadores de esquerda, assim como a assunção dos novos e recentes marcadores de extrema-direita sabem disso. Trata-se de uma verdadeira guerra discursiva enquanto guerra de territórios, e o ódio é uma força apropriada e apropriadora desses discursos.

Como indica Giorgi,[23] uma nova figura do sujeito democrático, doravante inscrito também em seu ódio, prefigura uma escrita que perde o seu papel educativo e abstrato. Sublimatório, eu acrescentaria. Resta indagar: quais sujeitos são esses? Todos nós? Como eles/nós se/nos

23. Idem.

O ódio e o desafio da relação 45

encontramos? E quais escritas estariam sendo convocadas a tecer esses encontros? A inscrever também o ódio?

É aqui que me vem interessando pensar nessa noção de "escrita precária" ou "escritas de borda" que decerto não responde à amplitude e à profundidade da questão do ódio como afeto político constitutivo do contemporâneo, mas ao menos deseja dar visibilidade, incidir, desenhar outra relação e mesmo outra função estético-política dessa afecção em suas inscrições,[24] desse largo e aberto campo de guerras discursivas, abraçando essas novas subjetividades compulsórias e compulsivas dos nossos tempos.

De forma muito breve eu diria que o que estou tentando pensar sob essa fórmula de "escritas precárias ou de borda" incide sobre três eixos: (a) num deles está a questão da língua – em que já não se trata mais, a meu ver, de falar ou inventar uma língua menor no limite das línguas instituídas ou línguas maiores (noção até certo ponto romântica), mas de "falar mal as línguas maiores" (e aí localiza-se a necessidade de discutir a questão do menor e da minoração, em relação às questões da migração e do minoritário hoje, relação sobre os quais essas teorias não tinham, há vinte ou trinta anos, motivos para responder ou pensar sobre as fronteiras rígidas dos sistemas literário,

24. Desde as minhas pesquisas sobre os cadernos asilares de Antonin Artaud (A. Kifer, *Antonin Artaud*), entendo, acompanhada de muitos outros atores contemporâneos, que a noção de escrita centra-se sobre tudo aquilo que se inscreve no regime material de circulação. Logo, escrita aqui não se opõe à oralidade nem pressupõe o regime alfabético, abrindo-se para as inscrições plásticas e artísticas, performáticas e corporais.

46 *Ódios políticos e política do ódio*

estético e discursivo);[25] (b) noutro, a questão dos suportes sendo pensados como *milieu*[26] – algo que permite o acontecimento dessa escrita, mas é também por ela transformado – meios precários, de borda, não instituídos, corpos de borda que advêm eles mesmos de meios de inscrição e de escrita em atividade, deslocamento, mobilidade e insurgência. Corpos que tremem ao dizer/gritar/escrever. Venho falando dos cadernos, mas decerto existem muitos outros meios de borda, logo, em relação próxima com os corpos, como toda situação de precariedade impõe (não ter banheiro impõe um convívio diferente com os seus excrementos, não é verdade?);[27] (c) o último ponto que

25. X. Lagares, *Qual política linguística?*

26. Conceito de Deleuze-Guattari em *Mil Platôs* que, como gostaria aqui de pensá-lo, permitiria um deslocar da noção de suporte no campo das inscrições artísticas.

27. Digo performaticamente de forma um tanto brutal – meios precários, vidas precárias impõem um modo de tocar, de falar e de conceber o trato com o que vimos chamando de sujo, de impróprio, de feio, de chulo. Língua ou fezes. No seio dessa "guerra discursiva" importa fazer equivaler essas forças. Que até certo ponto esburacam a propriedade dos nossos sistemas simbólicos. Seria necessário considerarmos que todos os padrões de comportamento dos corpos estão balizados por uma cultura branca, elitista, racista e machista. Desconsiderando solenemente outras formas, modos e associações de vida e de convívio. Sob esse aspecto, vim tentando levantar essa discussão através do que venho chamando de "modos barraca de viver" – projeto poético e crítico que se volta tanto para os fluxos migratórios, quanto para as comunidades carentes no Brasil que se organizam estética e culturalmente de forma precária, mas também diversa dos padrões e marcadores que balizam os corpos próprios e impróprios em nossas sociedades.

O ódio e o desafio da relação

destacaria aqui é o que nos aproxima da questão afetiva dessas escritas, de suas afecções políticas, em nada sentimentais ou diarísticas, nem interiorizadas, como vimos concebendo que aí acontece. Essa afecção, que estou chamando de compulsiva (mas também compulsória) porque há algo ali de forçoso, de *contrainte*,[28] de necessário, é desorganizadora e agônica – daí sua intrínseca relação com a força do ódio.

Esses três eixos juntos atacam e incidem sobre o sistema artístico-literário, porque não há nada mais fechado do que o sistema daqueles que falam, daqueles que falam ao mundo, dos que podem falar (sem gritar) ao mundo e daqueles que nunca falaram ao mundo e continuam sem poder falar. Uma discussão subjacente sobre a crise do sistema de representação política, assim como sobre a noção de lugar de fala e de representatividade, subjaz aqui e deve vir a ser por nós considerada. Discussão esta que, não por acaso, foi deveras incompreendida por Vladimir Safatle no texto a que agora vou me referir.

---

28. Digo *contrainte* em francês buscando ressaltar aquilo que na palavra em português – constrangimento – perdeu em seu caráter físico. Algo que nos incomoda em suas amarras físicas, para além de seu significado mais leve de embaraço social, que a palavra adquiriu em nossa língua. Ver A. Kiffer, *Desejo e devir: o escrever e as mulheres*.

CENA 3: RELAÇÃO

Parto da reflexão de Safatle, sobre a qual colocarei algumas questões, tendo como pano de fundo as reflexões de Glissant:[29]

> Por que as ruas queimando desde 2008, por que as nossas ruas queimando desde 2013 não produziram ainda as transformações que poderiam produzir? Por que esta força efetiva da reação? Várias são as razões que poderiam ser levantadas, mas talvez seja o caso de se deter diante de uma, a saber, porque não temos mais um corpo e não há, nem nunca haverá, política possível sem corpo. Se quisermos voltar a vencer, precisaremos de um corpo. Um outro corpo que agencie todas as demandas múltiplas em uma constelação, que desenhe constelações nas quais os lugares específicos sejam submetidos a um empuxo irresistível de indiferenciação e de descentramento. No interior de um corpo político construído como uma constelação, não há lugar de fala, e não há equívoco maior dos tempos que correm do que associar política à constituição de lugares de fala, lugares de quem luta contra a exclusão através de novas exclusões.[30]

29. É. Glissant, *Poétique de la relation*.
30. V. Safatle, *Quando as ruas queimam* (destaques meus), p. 15.

O ódio e o desafio da relação   49

Subjaz na reflexão de Safatle a noção de que o corpo se unifica quando alcança o patamar de um corpo político – "precisaremos de *um* corpo", mesmo que ele aponte para um corpo político feito de constelações. Sabemos que seus referenciais teóricos não necessitam desse corpo unificado, quando se trata de pensar os corpos. Mas há algo que insiste ainda em todos nós, e, por isso, interessa-me ressaltar com e através da sua reflexão, sempre aguda e interessante, o grau de dificuldade que temos quando pensamos outros modos de organização política. Esse sedimento, talvez ainda o mais duro entre nós, de que a política é controlada (pensada e formulada) apenas enquanto processo unificador, decisório, econômico e macropolítico. Todo o resto deriva de uma carta frágil de intenções, constelações abstratas, quando não ingênuas. Essa noção de corpo político unificado depende ela mesma de uma noção de corpo próprio que ainda não foi OCUPADO, INVADIDO, ou profundamente perturbado por aquilo que, no entanto, o constitui – a sua impropriedade, exatamente o que a afecção do ódio vem nos mostrar sem subterfúgios.

Só quem não foi invadido ou ocupado pode manter estável essa noção centralizadora e centrada que vem definindo tantas vezes o que é "ser ocidental".[31] Talvez

---

31. Indico como referência a leitura do artigo de Oyèrónké Oyěwùmí, "Visualizing the Body: Western Theories and African Subjects", na tradução para uso didático de Wanderson Flor do Nascimento ("Visualizando o corpo: teorias ocidentais e sujeitos africanos"). Nesse texto a autora mostra como o feminismo ocidental incorpora uma noção de corpo que determina inúmeras de suas análises e pautas e desconsidera, no

essa visão unificada de corpo seja ela mesmo impedidora da formação de uma voz mais ampla, alargada, múltipla, heterogênea e constituinte dos discursos políticos democráticos. Por outro lado, também já sabemos que o lugar de fala[32] é um lugar de estrutura, um lugar do discurso. Reconhecer-se dentro dessa estrutura é a questão. Só em seguida a esse reconhecimento é que o amálgama das inscrições ferrenhas – das vozes e corpos que encarnarão esse ou aquele lugar na estrutura, no discurso – vão lutar nas arenas microfísicas do poder. Mas é fato que essa passagem da estrutura aos corpos, ou do discurso à microfísica dos poderes em luta e disputa evocam a dependência e a necessidade de se pensar o lugar de fala também na sua materialidade: corpos, vozes, experiências que vão encarná-lo. Nessa microfísica não haverá apenas o lugar de fala do privilégio X o lugar de fala do excluído. É nessa microfísica dos corpos em que também poderemos criar outra direção que possa equilibrar a marcha de uma só direção, ou a via de mão única que vem determinando o pensamento ocidental majoritário. Não sairemos da via de mão única através de uma só mão: o lugar de fala do privilégio X o lugar de fala do excluído. Como já vimos, uma só mão nos leva direto ao dedo em arma. Talvez já não sejamos mais braço em punho, mas sabemos que dedo em arma só cavará a nossa própria vala.

entanto, aquilo que fundamenta, no caso de muitas culturas africanas, outros modos contundentes de viver, conceber e logo pensar o corpo.

32. D. Ribeiro, *Lugar de fala*.

Sob essas vias únicas, me parece sintomático e, no entanto, atual e necessário de ser enfrentado por todos nós, com diálogo e elucidação, o trecho em que Safatle afirma que "não há equívoco maior dos tempos que correm do que associar política à constituição de lugares de fala, lugares de quem luta contra a exclusão através de novas exclusões".[33] Por que sintomático? Porque ele mostra um abalo na estrutura do discurso (leia-se: associar política à constituição de lugares de fala), como se fendida (leia-se: a política) ela já não pudesse mais se reestruturar. As contranarrativas (leia-se: os novos lugares de fala) provocaram ali uma fissura...

Mas há ainda outro efeito, mais carnal em sua materialidade, posto que essas fissuras abrem feridas sobre o que "julgamos" ter construído como solo comum e apaziguado. Essas contranarrativas encarnam-se nas reivindicações, nos corpos que "gritam", e decerto intensificam uma sensação inevitável de combate entre grupos que, no entanto, críamos "estarem juntos". Falo, obviamente, das relações entre homens e mulheres, brancos e negros. Essa fenda de dupla injunção – estrutural [no seio do discurso] e material [nos corpos que tomam a palavra] – provoca uma desorganização no campo que julgávamos ser, até aqui, mais ou menos unificado em torno dos anseios democráticos; em sentido largo, o que por anos entendemos ser o campo da esquerda. A reação de Safatle, sob esse aspecto, é esperada. Como reestruturar

33. V. Safatle, op. cit., p. 15.

52 *Ódios políticos e política do ódio*

senão eliminando – "submetidos a um empuxo irresistível de indiferenciação e de descentramento" – aquilo que desestrutura? Eliminar, no entanto, agora, depois da fissura, equivalerá ainda a "submeter-se".[34] No entanto, e aqui as coisas se tornam mais delicadas, o desafio se impõe, ele também, numa dupla injunção: como reestruturar carregando as fendas e as feridas? Como colocar em prática a tal estrutura aberta, móvel e decerto mais vulnerável, quando não, agônica? E, ainda, como reestruturar se o campo perde em identidade e ganha em tintas identitárias que, decerto, provocam, numa primeira instância, essa vivência – entre nós – de uma exclusão que nunca de fato sentimos? Como subjetivar a nossa exclusão e renegociar os pactos inclusivos, até aqui injustos, torpes, cegos e, por vezes, maliciosos e maléficos? Nessa constatação há também, evidentemente, um luto em relação a um campo democrático que falhou abusivamente em seu pacto inclusivo. E esse tumulto de vozes agoniza negociações que são, no entanto, imprescindíveis. Em nenhum momento creio podermos falar, como o faz o teórico, de "lugares de quem luta contra a exclusão através de novas exclusões".[35] Essa sensação, mesmo quando sentida, é feita ela mesma de uma tinta afetiva que impede abrir as nossas feridas, abdicar de privilégios –propriedades discursivas históricas [poder-dizer] – e subjetivar aquilo que excluímos e continuamos excluindo

34. Idem.
35. Idem.

O ódio e o desafio da relação 53

entre nós. A necessidade de se pensar enquanto mulher, enquanto povo negro, enquanto mulher negra instaura inevitavelmente a necessidade de separações. Não há como organizar contranarrativas sem que esses grupos se identifiquem entre eles. Nossa questão é perguntar e reivindicar por um diálogo que abra a fenda estrutural das feridas sem medo de perder a estrutura. E em seguida parece necessário que se distinga a separação inevitável para constituição dessas contranarrativas (constituição de um poder-dizer, mais do que de um lugar de fala) da exclusão em sua força de desligamento radical.[36] Nuance a ser convocada em tempos em que a brutalidade das irrupções das afecções do ódio tenta aplacar diferenças. A separação, que, numa análise que busque nuances, não equivale à exclusão e ao desligamento, parece ser necessária, ela mesma, para que novas inscrições e novas histórias possam se construir e ser "contadas". Entender, de antemão, a separação como modo de exclusão e desligamento é encurralar num novo silêncio todas essas reivindicações, partições, histórias e corpos que, no entanto, continuarão a "gritar". Há uma força e uma verdade das feridas dos corpos que os discursos, em sua estrutura,

---

36. Neoliberalismo e políticas da inimizade (Mbembe, op. cit.) andam juntos. Muitas dessas afecções do ódio em sua verve política (feita de desejo legítimo de *separação* das matrizes homogeneizadoras e de submissão) e mesmo na de grupos historicamente excluídos serão apropriadas pela força e pelo apelo neoliberal para constituírem verdadeiras políticas de inimizades, logo, processos de desligamento e aniquilamento.

buscaram esconder. Lembrando Foucault,[37] a tão "temível materialidade do discurso" é mesmo amedrontadora. Os meios, tantas vezes assépticos e pouco afetivos, surdos aos corpos, que se concentraram em torno do exercício de poder masculino e das representações e organizações partidárias, mas também teóricas, em seu sentido excludente das subjetividades e dos operadores de subjetivação que perpassam a eficácia maior ou menor de um conceito, apontam para a necessidade de revisão desses quadros. Ela é decerto representativa, mas é também estrutural, volto a dizer.

Identificar, na guerra discursiva atual, que a reivindicação dos lugares de fala opera através do mesmo sistema de exclusão que combate é aderir à surdez característica desses sistemas de poder. A afecção de ódio como repetição do sistema de exclusão, presente nos corpos que gritam e nas fendas estruturais que se abrem, partindo a lógica do discurso, e que, decerto, marca essa assunção ao poder-dizer até aqui em muito silenciado, não deveria, no entanto, ser identificada como processo desmantelador de uma política, pensada sobre a ideia de um corpo novo e único, mesmo que constelar e/ou indiferenciado. Mas como processo, mesmo que doloroso, de nos aproximarmos cada vez mais das especificidades, buscando afastarmo-nos do mito de uma raiz única, de um momento originário de criação de uma nação ou povo que perpetua uma assimilação mortificante. Ao

37. M. Foucault, *A ordem do discurso.*

mesmo tempo esse processo é contínuo, e exige que busquemos hoje um equilíbrio sempre delicado, capaz de evitar a ideia de que a conquista das especificidades em sua máxima liberdade se confirma através de uma negação radical do outro, como lembra Glissant.[38]

Mas para isso é preciso que nós sejamos capazes de assimilar subjetivamente, no nosso modo de percepção sensível e não apenas ético ou moral, que há, no Brasil e na maior parte dos países colonizados, uma relação intrínseca entre a constituição de um corpo político nacional e lugares de fala *a priori* herdados, constituídos, unificados numa identidade que nunca precisou ou pôde ser questionada – logo, num corpo só, próprio, limpo, rico, branco, masculino e pleno. E mesmo quando vira-lata, canibal, subdesenvolvido ou famélico, as imagens voltavam-se ainda e em direção ao velho modelo colonial. Vira-latas como complexo de nossa imagem internacional, aos olhos dos outros. Mas jamais como vira-latas de nós mesmos, algozes de nossas exclusões internas.

Parece-me inevitável, diante desse quadro, a necessidade de inscrevermos essas separações atuais no escopo da discussão decolonial. A reivindicação pela separação dessa matriz "Brasil vira-lata no exterior", é espiralada e internalizada pelos operadores discursivos dos novos lugares de fala. Rompendo e rasgando esse tecido unificador e aparentemente indiferenciado [do corpo e do discurso]. Pensemos, no entanto, que a impropriedade

38. É. Glissant, *Poétique de la relation*, p. 162.

do corpo próprio, que passa pela assimilação dos nossos ódios, é talvez e exatamente o que nos incomoda, nos violenta, nos machuca e nos obriga a constituir lugares de fala heterogêneos. E decerto isso, quer dizer, a constituição dessa heterogenia, não parece poder se instituir nem sobre a herança do corpo próprio e da raiz unificadora, tampouco sobre os ditames da exclusão como lugar constituinte das reivindicações minoritárias, ou de onde as ouvimos. Sob esse aspecto, o desafio parece se colocar sobre as possibilidades de ligar os rompimentos e as separações da matriz unificada. Mas, por outro lado, trata-se também de entender que os lugares de fala apontam para duas questões: uma delas é que o lugar de fala é estrutural, ou seja, fora de qualquer essência pessoal. A outra é que, mesmo sendo estrutural, ele é encarnado necessariamente em corpos que se autorizam hoje a um poder-dizer, antes e ainda muitas vezes impedido. Sob esse aspecto é preciso sempre sublinhar que os lugares de fala são percorridos – no concerto das vozes em conflito e diferenciação – por ondas de heterogenia e não de uniformização. E que, mesmo quando marcados pelas afecções de ódio, até certo ponto inerentes à reivindicação de novos lugares de fala,[39] persistem na ideia e na necessidade de dar espaço

39. Uma raiva inconsciente e desesperada, como diz Glissant (op. cit., p. 155) diante do caos-mundo, em que os dominantes dela se aproveitam e os oprimidos por ela exasperam, deve ser ouvida hoje no dilaceramento discursivo presente no combate e nas novas forças de "eliminação" dos lugares de fala que foram irrompendo no seio de nossa duríssima estrutura discursiva e social.

O ódio e o desafio da relação   57

ao que não se baseie na mesma lógica da matriz unificada. Venha ela da África ou da Europa.

Uma questão crucial, volto a afirmar, diz respeito à nuance necessária entre a separação e o desligamento da e na estrutura. A meu ver, tendo a ler o desligamento como algo que veio estruturando a matriz unificadora branca, de origem colonial, em que ódio e exclusão equivalem à submissão e aniquilamento. E tendo a ler que a separação inaugura a possibilidade da relação – por mais contraditório que soe inicialmente. Ela coloca-se hoje como desafio fundamental para o Brasil, tanto pelo fato de vermos esse caminho recentemente ameaçado – lembrem-se do dedo em arma como dispositivo político de subjetivação e risco de captura de todos os ódios, como um grande incinerador dos nossos lixos político-subjetivos –, quanto pelo fato de sabermos que a abertura dessas feridas históricas é também ainda muito recente entre nós. Mas isso dependerá de todos nós – homens e mulheres, brancos e negros – de nossas capacidades para religar de modo diferente. De efetivamente dar lugar, na estrutura do discurso e na sua materialidade inscrita nas vidas dos corpos, a uma possibilidade real de Relação entre os povos, gêneros, raças e culturas em diferença.

Para isso, deslocar o lugar de fala dos territórios já instituídos de fato não é suficiente. Seria preciso espiralar esse gesto, ou seja, fazê-lo se multiplicar sobre territórios em mutação e mobilidade, dobrando cada um deles e revirando-os nas ancoragens exclusivamente calcadas em identidades naturalizadas.

O complexo dessa situação é que ela não se faz sem rasgos, sem ranhuras no sistema simbólico, ele mesmo arraigado em plataformas há muito naturalizadas. Esse gesto de mover, até certo ponto intrínseco aos processos da relação, só pode se instituir diante de um outro. Mas, como sabemos, entre nós, esse outro é quem ainda impede ou ignora a singularidade da experiência de alguém que, no entanto, está ali, em relação com ele, reivindicado o seu próprio poder-dizer. Isso quer dizer que "precisar" da Relação já é condição daqueles que não herdaram lugares de fala legitimados, mas também quer dizer que não haverá transformação do que se institui ou do que quer se instituir sem Relação. Como conceber relação sem ligação, sem inscrição, sem possibilidade de dizer? Mas, ao mesmo tempo, como poder conceber relação no e com as separações, a consciência e a ferida de nossos desligamentos, os rasgos dos nossos tecidos comuns e os nossos profundos desenlaces?

A imprevisibilidade das identidades dos lugares de fala que emergem na mobilidade das relações inquietas apavora e também nos desafia a conceber outro modo de funcionamento crítico e clínico das nossas vidas em comum. Eles efetivamente entram desmontando o aparato do corpo político unificador ou, ao menos, capaz de reunir as constelações de diferença sob a égide da representação – seja política, estética ou subjetiva. Ainda lidamos com essas questões, um tanto sem respostas. O colapso das noções unificadas de verdade, corpo, identidade podem reconfigurar a instauração tanto de novos tribunais

O ódio e o desafio da relação 59

políticos e subjetivos (o que Safatle chama de lugares de fala que combatem a exclusão com novas exclusões),[40] desde que guardemos o disparate dessa relação de forças, na qual os "excluídos" foram sedimentados, e ainda o são, desde um longo e eterno sempre, mas pode ser ainda pior, como se passa no Brasil de hoje. Existe atualmente no país um desejo inquisitório que expressa a sua força para apagar esse novo conjunto heterogêneo de poder--dizer, buscando criar um amálgama de identificação de grupos que justamente não puderam constituir novos lugares de fala e que se colaram, de forma muitas vezes inconsciente, ao lugar de fala *a priori* instituído e instaurado pela estrutura racista e classista que unifica e constituí os sistemas discursivos e políticos no Brasil.

Para mim, torna-se hoje fundamental entender esses processos de separação em distinção com a radicalidade dos desligamentos, que neles se imiscuem, impossibilitando que as ações – diversas e múltiplas –, sempre locais e parciais, possam ser apreendidas em seu ato e lugar, sem se fecharem para o devir da relação que lhe garantiria um assento na construção do comum. Sob este último aspecto, compreendo a angústia do diagnóstico dado por Safatle, que aspira a necessidade da formação das constelações políticas, eu diria não unificadas, mas em relação.

Repensar hoje os desafios da relação que, como escreveu Glissant, exige sempre "reportar a teoria ao vivido

40. V. Safatle, op. cit.

60 *Ódios políticos e política do ódio*

das humanidades em suas singularidades"[41] coloca-nos uma tarefa dupla. Por um lado, entender os processos de "separação" – como eles se constituem, quais as suas verdades (histórias apagadas e necessidade de contranarrativas) e os modos político-subjetivos que instituem. Por outro lado, é urgente distinguir as separações dos desligamentos. Isso porque entendemos que o desligamento está na base das afecções exigidas no desempenho do que se julga ser uma vida bem-sucedida nos sistemas neoliberais. Quer dizer: políticas da inimizade, fechamento de fronteiras, retorno sobre si mesmo – tanto no plano individual quanto coletivo, todos esses processos que estão no seio do que Mbembe chama de angústia do aniquilamento.[42] Ora, como sabemos, essa genealogia do desligamento interessa ao bom funcionamento das economias militarizadas, armadas, pseudoprotetoras da humanidade, assim como mantenedoras de uma ideia de "livre comércio" que serve aos mesmos, ou seja, a poucos. Tudo o que vimos surgir como retorno de um "nacionalismo armado" e entreguista nas ideias do novo governo eleito no Brasil.

É evidente que muitos dos movimentos minoritários serão investidos pela força desse capital simbólico e monetário para se "desligarem" dos processos vindouros de formação de um tecido comum mais amplo e heterogêneo, servindo apenas como falsa superfície de uma

41. É. Glissant, op. cit., p. 211.
42. A. Mbembe, op. cit.

O ódio e o desafio da relação 61

representatividade pálida, na qual alguns sairão em seu estrelato individual e o conjunto continuará penando nas mesmas condições. Mas também sabemos que não é essa a razão que grita nas afecções e na formação de subjetividades comuns em busca de afirmação no seio das reivindicações minoritárias. E que ela não está na base nem do esfacelamento da esquerda (mesmo que insurja exigindo uma revisão paradigmática necessária ao seu redesenho), nem, muito menos, no incremento das ondas de ultradireita. Sob o ponto que aqui nos interessa, a tarefa é de distinguirmos – no campo das afecções do ódio – a diferença entre a separação (que se impõe com o surgimento das reivindicações minoritárias) e o desligamento (afecção que deixa livre o curso para as investidas autoritárias em seu fechamento, violência e extermínio inerentes).

Essa distinção parece clara na fórmula que busca nuançar as afecções do ódio. Por ser uma afecção historicamente recalcada, em proveito do que entendemos ser os processos civilizatórios, quando ela insurge, o alarme soa e exige que a tomemos não apenas como sintoma de uma época adoecida, mas sobretudo como modos de sentir e agir que não encontraram "desvios" suficientes para canalizar as suas apreensões e o seu próprio aniquilamento da vida. Há um ódio cuja matéria é política e que se inscreve nos gritos contra o aniquilamento. Há outro ódio, na cena contemporânea, que muitas vezes se aproveita desse ódio político, mas que de fato se situa na base do que vimos acontecer no curso da eleição de Bolsonaro: apresentando-se inicialmente como um ódio da

62   *Ódios políticos e política do ódio*

ou à política para se cristalizar em torno de uma política do ódio.

Separar, separar-se, separar-nos, significa colocar em cena o ódio como uma das afecções políticas inerentes aos processos de reivindicação, de reconhecimento, logo, de luta contra o aniquilamento historicamente em curso no que tange ao povo negro e ameríndio do Brasil, entre outros. Já o ódio à política rapidamente "filia-se" às políticas do ódio que, por sua vez, alimentam-se dos desejos de desligamento e de não relação que estão na base das exigências de vida nas sociedades contemporâneas.

Por que então volto e insisto na Relação? Em parte porque entendo que o desafio proposto por Glissant não foi de todo ouvido, muito menos no Brasil, mas também porque merece ser revisto e ampliado sob outro tempo e local,[43] e ainda porque sabemos, no fundo sabemos todos, que a capacidade de relação, que durante muito tempo se forjou como um folclore identitário do "ser brasileiro", aparecendo em nossa sociabilidade sorridente e amigável,[44] se mostra ela mesma hoje como sintoma daquilo que não tratamos nem política nem subjetivamente. Muitos mitos conceituais e imaginários acerca da questão racial

---

43. Como ele diz: "Se queremos sair da divagação [...] e não apenas aproximar a Relação de uma compensação do pensamento, mas também implicar esse imaginário [da Relação] no lugar onde vivemos, mesmo se chegamos até ele por errância. O ato e o lugar não permitem ser generalizados" (É. Glissant, op. cit., p. 212, tradução livre).

44. No livro sobre a clínica da cultura desenvolvo a linha da "cordialidade" até as políticas do ódio.

O ódio e o desafio da relação 63

caem ou pedem para serem relidos quando contranarrativas adentram um sistema simbólico que se apaziguou sem necessariamente se pensar. E, também, e por outro lado, o desejo de apagamento de um grupo muito grande de narrativas que evocavam as dificuldades e conflitos da sociedade brasileira alerta para a necessidade de combater esses apagamentos, muitas vezes inerentes aos processos de "conciliação" sem subjetivação política que perpassaram a nossa história.[45] Lutar contra os apagamentos narrativos e ao mesmo tempo abrir o sistema simbólico e o das afecções para a inscrição de contranarrativas pode parecer uma tarefa contraditória. Não entendo assim, insisto: distinguir separação de desligamento. Ódio político de política do ódio. E, além: investir em tudo aquilo que promova imaginações políticas e subjetivas – relações entre diferentes e imprevisíveis.

O maior desafio da noção de Relação tal como pensou Glissant noutro contexto e época me aparece ser o desafio de propulsão das forças imaginativas no seio das políticas e das subjetividades. Não por acaso ele postula uma *poética da Relação* e não uma política ou um discurso da Relação. Introduzindo a função da imaginação no seio dos lugares fixados e apartados do individual e do coletivo: "Nenhuma história particular (felicidade ou tragédia, abuso ou liberação) pode conter-se no cercado de seu

---

45. Este caso ficou claro em abril de 2019 quando o atual presidente do Brasil decretou a comemoração nacional da ditadura civil-militar brasileira.

território tampouco na lógica de seu pensamento coletivo."[46] Quer dizer que haveria aqui uma brecha, e não apenas conceitual, entre o individual e o coletivo que se abre para a inscrição das histórias vividas como fato comum. Como caminho de singularização de uma experiência partilhável, que subjetiva politicamente um território já não mais fechado sobre si, mas em Relação. A Relação insere o singular no seio do coletivo – e não mais apenas o individual como contraponto do coletivo. De fato, a Relação singulariza aquilo que tendemos a encerrar num ou noutro polo. Relação ela mesma dependente da imaginação política que se pode abrir num campo que nos retira tanto do isolamento, quanto das grandes sobredeterminações. Desafio, posto que Relação implica experiência partilhável. Subjetivação comum. Já não mais encerrada no privado nem guiada por um corpo político ou coletivo unificado. A derrubada da lógica dual ou da tríade que resolveria a estrutura dual ainda nos desafia. No entanto, e esse me parece o ponto importante a fazer eco no que se busca pensar aqui, a função da imaginação política – base da Relação – posta sobre os regimes poéticos e os das afecções radicalizam essa reflexão. Para mim, o efeito disso situa-se hoje no seguinte plano de interrogação: vivemos em tempos que indicam um esgotamento dos sistemas democráticos, isso se esboça, entre outras

---

46. *Aucune histoire particulière (bonheur ou tragédie, exaction ou libération) n'est renfermée dans le seul enclos de son territoire ni dans la seule logique de sa pensée collective* (É. Glissant, op. cit., p. 212).

O ódio e o desafio da relação 65

formas, através de uma imensa desconfiança da política, dos políticos e de todo sistema político, seja ele presidencialista ou parlamentarista, entre outros. Por outro lado, novos desejos políticos, oriundos das necessidades de retirarem suas vozes do cercado e poderem inscrevê-las numa lógica ainda por construir.

Boa parte dessa desconfiança vem sendo contraditoriamente alimentada e também erodida pela produção incessante de *fake news*.[47] Aqui não nos interessa discutir esse regime fora do nosso recorte, mas interessa apontar como essa produção de "mentiras", que muitas vezes vem sendo lida como próxima à máquina literária em seus recursos ficcionais, que em nossa sociedade, sobretudo aquela pós-acontecimento midiático, vem sendo relegada ao mundo da "fantasia", recoloca a importância de rediscutirmos o valor e os regimes da verdade hoje. Assim como a potência imaginativa no seio do desejo político.

No que tange ao nosso campo eu diria que, em primeiro lugar – a partir de tudo o que dissemos como necessidade de construção de contranarrativas, ao mesmo tempo de apropriação e reapropriação de "histórias" que

---

47. Quando ressalto a função contraditória das *fake news* em relação à desconfiança do político quero dizer que, se por um lado, ela alimenta – por meio de seus escândalos – a desconfiança, por outro lado, ela tenta erodir essa desconfiança quando nutre que algum "mito" fora de todo "sistema" poderá finalmente fazer algo de "verdadeiro" e diferente pelo "sistema". Evidentemente, não há nenhuma pretensão aqui de se discutir a complexidade da função política do sistema de informação contemporâneo.

foram ou estão à beira de serem extirpadas da nossa vida simbólica e comum –, todas as formas de inscrição (e a literatura para mim deveria voltar a se ver e a se imaginar nesse lugar) que eu chamaria de sistemas vivos de inscrição – artísticos, literários, arquivísticos, orais, corporais, entre outros – estão hoje no cerne da proposição e do fomento de novas imaginações políticas.

Quando rediscutimos o regime da verdade, nos tempos das *fake news*, da desconfiança da política, da necropolítica e das políticas da inimizade, observamos esses sistemas de inscrição que em nada se comprometem com a "representação da realidade", incluindo a literatura e as artes, que sempre deambularam aí, criando suas cabanas, suas barracas, sua passagem ou sua morada no regime da verdade. Inoculam nesse regime um tipo singular dela: a verdade das afecções, não a dos nomes e nem necessariamente a dos lugares. Não a das datas nem a da história, mas essa delicada e brutal verdade das afecções. Que por sua vez abre espaço, alarga o espectro, propulsiona a imaginação na direção e na exigência de novos modos de sentir (inclusive sentir afecções que preferíamos ejetar). Arriscado, decerto, posto que a disputa por esse "novo regime da verdade" abre o gérmen do caos. Ele traz a percepção de algo falso tomado, no entanto, como fato. Ele torna inextricável a manipulação do discurso em sua verve afetiva e não explicativa. Ele retorna a uma inesgotável fonte de imaginação num campo onde havia se depauperado a imaginação: o da política. Ele ainda parece dizer e mostrar que muitos partilham das verdades

O ódio e o desafio da relação 67

produzidas. A batalha aqui está só começando. Mais uma razão para sairmos da defensiva ou da reativa. Sairmos do "fechamento de seu território", em sua alegria ou tragédia, como disse Glissant,[48] desafiando-nos, e mesmo aí, a nos colocarmos em algum modo de Relação.

PARA UM DESFECHO

Graciliano Ramos, preso político na ditadura de Getúlio Vargas coloca-se a escrever seu livro mais longo, inconcluso, aberto e prenhe de uma memória de poucos fatos (isso é imenso para um escritor decretado como conciso e fruto de um realismo social) — *Memórias do Cárcere*, feito da memória tecida num certo retorno do e aos corpos parciais, impróprios, sem nome. Há algo ali que aposta não no testemunho da história, mas num processo de autorização precário e instável do poder-dizer. Uma palavra que não se cola, que desliza, que fragmenta os processos unificadores do poder. Processos do dizer que, em alguma medida, agem contra os tribunais e os julgamentos da história.

Antonin Artaud, em 1948, debate-se, numa emissão radiofônica censurada e conhecida como *Para acabar com o julgamento de Deus*, contra a nova Organização Mundial que emerge da catástrofe da Segunda Guerra, colocando-se contrário aos processos que já ali apresentavam

48. É. Glissant, op. cit.

saídas improváveis: mundo bipartido e construção de uma Europa política polarizada, de unificações hierárquicas e de um concerto de vozes baseado num imenso sem voz. Ele diz chamar uma última vez o julgamento para desligar a sua máquina, numa cena cirúrgica de refazimento das hierarquias e organizações corporais – desfazer o corpo orgânico, levá-lo a outros estados agônicos. Liga julgamento e afecção aos circuitos intensivos dos órgãos e da ideia de uma máquina corpórea unificada e hierárquica.

Eu diria que a máquina do julgamento é indissociável do nosso desejo de verdade. Resta-nos conceber como ligar de maneira diferente nosso amor à verdade, logo, também, nosso amor à palavra e a toda forma de inscrição da vida – literatura, arte, política, testemunho, cartaz, grito... –, porque, como sabemos, há algo que entrelaça a verdade ao desejo de manutenção da vida, e, por isso mesmo, a sua cristalização se faz como perpetuação de formas de poder (poder sobre a vida, modos de conduta, entre outros) numa equação que suporte a sua própria interrupção, uma relação mesmo no desenlace. Quer dizer: como a saída da máquina do julgamento – poder da verdade cristalizada sobre a vida – pode acontecer sem que se perca a direção do desejo de justiça? Como odiar juntos e não apenas uns aos outros? Como deixar que a força da separação não signifique o desligamento de um sistema simbólico, discursivo, de um solo democrático comum? Como as separações vão se endereçar e se tecer na direção de um desejo de relação? Como abandonar as

O ódio e o desafio da relação 69

estruturas parasitárias do paternalismo e da solidariedade através das reivindicações e da constituição de lugares de fala minoritários e de vidas excluídas podendo inscrever-se no mundo, um mundo mais largo, que pressupõe a saída dos corpos como suportes passivos de inscrição de outrem? Nisso tudo há um custo, e para todos.

Essas escritas de Graciliano e de Artaud que há muito vem me dizendo por que ainda devo e quero continuar a escrever (essa atividade sem fim) insurgem abrindo ao menos dois eixos fundamentais: o inconcluso é uma resposta ao nosso desejo (sempre fascista) de julgamento, e à sua relação de facticidade com a inscrição de nossas palavras no mundo – parece pouco mas é muito. A necessidade de refazer os corpos – como reivindicou Artaud – é uma espécie de trabalho sem fim, que ataca sem parar nosso desejo de um corpo unificado. Trabalho com o qual, acredito, todo componente artístico, crítico e clínico deveria entrar em Relação.

Trabalhar com os processos dessas afecções de borda talvez implique: desfazer o mito da borda como marginalidade ou como apologia da pobreza. Assim, como limite exterior, separado, afastado por muros e grades hoje invaginadas e em circunvolução – dos corpos, dos sistemas simbólicos, das cidades partidas, dos países de fronteiras fechadas, das nações autocentradas, dos territórios segregados.

Reabrir o ódio como afecção a existir no seio de uma imaginação política que padece. Retirar o ódio apenas de sua fixidez repetitiva e recidiva. Apostar em laços que já não entendam que o recalque e a sublimação do ódio sejam os elos fundantes da civilização (o que ainda nos demandará muito esforço e reflexão). Logo, conceber sujeitos democráticos também em seus ódios, buscando dosar de forma ainda mais fina o que, no entanto, é brutal.

Amar esse tempo ainda em seu ódio. Odiar não como recusa ou não aceitação. Não como desligamento ou extermínio. Mas como separação constitutiva de novas singularidades comuns a serem postas em Relação. Amar não como estado de resiliência, passividade ou tecido reintegrado. Não juntar retalhos. Mas amar também como rasgar. E escrever também como poder-dizer que o poder não nos unifica.

Odiar como modo de questionar essas unificações que nunca nos contemplaram.

Talvez esteja aí o início desse processo. Decerto abrupto e também brutal.

Aliás, a brutalidade é constitutiva das nossas afecções de borda, sempre transbordando o que podemos viver. E como imaginaram estar construindo outro mundo, outro país? Agora a questão é: como *imaginar* este mundo neste mundo?

REFERÊNCIAS BIBLIOGRÁFICAS

AGAMBEM, Giorgio. *Création et anarchie, l'œuvre à l'âge de la religion capitaliste*. Paris: Rivages, 2019.

ARTAUD, Antonin. *Oeuvres*. Paris: Gallimard, Collection Quarto, édition établie, présentée et annotée par Évelyne Grossman, 2004.

_____. *Cahiers d'Ivry (février 1947-mars 1948)*. Paris: Gallimard, t. I, édition établie e annotée par Evelyne Grossman, 2011a.

_____. *Cahiers d'Ivry (février 1947-mars 1948)*. Paris: Gallimard, t. II, édition établie e annotée par Evelyne Grossman, 2011b.

ATHANASSOPOULOS, Vangelis. *Quand le discours se fait geste: régard croisé sur la conférence-performance*. Paris: Les Presses du Reél, 2018.

BARTHES, Roland. *O neutro*. São Paulo: Martins Fontes, 2003.

_____. *O grau zero da escrita*. São Paulo: Martins Fontes, 2004a.

_____. *Inéditos: Crítica*. São Paulo: Martins Fontes, vol. 2, 2004b.

_____. *Inéditos: Política*. São Paulo: Martins Fontes, vol. 4, 2005a.

_____. *A preparação do romance*. São Paulo: Martins Fontes, vol. I, 2005b.

BLANC, Guillaume le. *Vies ordinaires, vies précaires*. Paris: Seuil, 2007.

BLANCHOT, Maurice. *Le livre à venir*. Paris: Gallimard, Collection Folio Essais, 1959.

_____. "La pensée et l'exigence de discontinuité"; "Parler ce n'est pas voir"; "L'expérience-limite"; "L'athéisme et l'écriture. L'humanisme et le cri", in *L'Entretien infini*. Paris: Gallimard, 1969.

BOULBINA, Seloua Luste. *Les miroirs vagabonds ou la décolonisation des savoirs (arts, littérature, philosophie)*. Paris: Les Presses du Réel, 2018.

BROWN, Wendy; LITTLER, Joe. "Where the Fires Are: an Interview with Wendy Brown". 18 abr 2018. Disponível em: <www.eurozine.com>.

CÉSAIRE, Suzanne. *Le grand camouflage: écrits de dissidence (1941-1945)*. Paris: Seuil, 2015.

DELEUZE, Gilles; GUATTARI, Félix. *L'Anti-Oedipe: capitalisme et schizophrénie*. Paris: Les Editions de Minuit, 1972-1973.

_____. *Milles plateux: capitalisme et schizophrénie*. Paris: Les Editions de Minuit, 1989.

DELEUZE, Gilles. *L'Ile deserte et autres textes*. David Lapoujade (org.). Paris: Les Editions de Minuit, 1996.

_____. *Deux regimes des fous*. David Lapoujade (org.). Paris: Les Editions de Minuit, 1998.

_____. *Francis Bacon: lógica da sensação*. Rio de Janeiro: Zahar, 2007.

DERRIDA, Jacques. *L'Ecriture et la différence*. Paris: Seuil, 1967.

_____. *Mal d'archive*. Paris: Galilée, 1995.

_____. "Forcener le subjectile", in THÉVININ, Paule; DERRIDA, Jacques (org.). *Artaud: dessins et portraits*. Paris: Gallimard, 1986, p. 55-105.

DIDI-HUBERMMAN, Georges. *L'Image ouverte: motifs de l'incarnation dans les arts visuels*. Paris: Gallimard, Collection Les Temps des Images, 2007.

DUBET, François. *Le temps des passions tristes: inégalités et populisme*. Paris: Seuil, 2019.

EGAÑA, Miguel; SCHEFER, Olivier. *Esthétique des ruínes: poétique de la destruction*. Rennes: Presses Universitaires de Rennes, 2015.

FANON, Frantz. *Peau noire, masques blancs*. Paris: Seuil, 1952.

_____. *Ecrits sur l'alienation et la liberté*. Paris: La Decouverte, 2015/2018.

FEDERICI, Silvia. *Le capitalisme patriarcal*. Paris: La Fabrique, 2019.

FISCHER-LICHTE, Erika. *Estética de lo performativo*. Madrid: Abada Editores, 2011.

FOUCAULT, Michel. "L'écriture de soi", in *Dits et écrits, 1954-1988*. Paris: NRF, Gallimard, t. IV, 1994a, p. 415-430.

_____. "Entretien avec Michel Foucault", in *Dits et écrits, 1954-1988*. Paris: Gallimard, t. IV, 1994b, p. 41-95.

_____. *A ordem do discurso*. Trad. Laura Fraga de Almeida Sampaio. São Paulo: Edições Loyola, 1996.

_____. *El cuerpo utópico: las heterotopías*. Buenos Aires: Nueva Vision, 2010.

_____. *A hermenêutica do sujeito*. São Paulo: Martins Fontes, 2014.

GAGNEBIN, Jeanne Marie; ROQUE, Tatiana; RODRIGUES, Carla. *ELASSIM#*. São Paulo: n-1 edições, série Pandemis, 2018.

GIL, José. *Trajectos filosóficos*. Lisboa: Relógio d'Água, 2018.

GIORGI, Gabriel. "Arqueologia do ódio: apontamentos sobre escrita e democracia", in KIFFER, Ana; GIORGI, Gabriel. *Ódios políticos, política do ódio: lutas, gestos e escritas do presente*. Rio de Janeiro: Bazar do Tempo, 2019.

GLISSANT, Édouard.; LEUPIN, Alexandre. *Les entretiens de baton rouge*. Paris: Gallimard, 2008.

GLISSANT, Édouard. *Poétique de la rélation (Poétique III)*. Paris: Gallimard, 1990.

_____. *Les discours antillais*. Paris: Folio Gallimard, 1997.

GROSSMAN, Evelyne; SÉITÉ, Yannick (org.). *Textuel, 44: Corps Politiques – Cosmopolitismes (XVIII-XXIe siècle)*. Paris: UPVII, UFR, 2004.

GROSSMAN, Evelyne. *La défiguration: Artaud, Michaux, Beckett*. Paris: Les Editions de Minuit, 2003.

_____. "Peindre l'évanouissement de la forme", in *Europe*, n. 873-874: Antonin Artaud. Paris, jan-fev 2002, p. 54-62.

_____. *L'Hypersensible*. Paris: Les Editions de Minuit, 2016.

HEINICH, Nathalie. *Ce que n'est pas l'identité*. Paris: Gallimard, 2018.

JAQUET, Chantal. *Le corps*. Paris: PUF, 2001.

KEIL, Ivete; TIBURI, Márcia (org.). *O corpo torturado*. Porto Alegre: Escritos Editora, 2004.

KIEFER, Anselm. *L'Alchimie du livre*. Paris: BNF, L'Éditions du Regard, 2015.

KIFFER, Ana; GARRAMUÑO, Florência. *Expansões contemporâneas: literatura e outras formas*. Belo Horizonte: UFMG, 2014.

KIFFER, Ana; REZENDE, Renato; BIDENT, Christophe. *Experiência e arte contemporânea*. Rio de Janeiro: Circuito; Capes, 2012.

_____. "Les corps de la faim", in *Europe*, n. 873-874: Antonin Artaud. Paris, jan-fev 2002, p. 133-140.

KIFFER, Ana. *Antonin Artaud: poética do pensamento*. La Coruña: Editora Biblioteca Arquivo Teatral Francisco Pillado Mayor, Universidad de La Coruña, 2003.

_____. "Limites da escrita ou como fazer da escrita uma plástica-poética?", in *Revista ALEA*, vol. 10, n. 2. Rio de Janeiro: UFRJ, 7Letras, 2008, p. 212-226.

_____. "Entre o Ó e o tato", in *Revista ALEA*, vol. 12, n. 1. Rio de Janeiro: UFRJ, 7Letras, 2010, p. 34-46.

_____. *Antonin Artaud*. Rio de Janeiro: Eduerj, 2016a.

_____. "Em torno de uma noção crítica-clínica da cultura", in SCHOLLHAMMER, Karl Erik; OLINTO, Heidrun Krieger (org.). *O papel da crítica*. Rio de Janeiro: 7Letras, 2016.

_____. *Desejo e devir: o escrever e as mulheres*. São Paulo: Lume, 2018.

LAGARES, Xoan Carlos. *Qual política linguística? Desafios glotopolíticos contemporâneos*. São Paulo: Parábola, 2018.

LORDON, Fréderic. *Les affects de la politique*. Paris: Seuil, 2016.

MACÉ, Marielle. *Nos cabanes*. Paris: Verdier, 2019.

_____. *Siderar, considerar: migrantes, formas de vida*. Trad. e apresentação: Marcelo Jacques de Moraes. Rio de Janeiro: Bazar do Tempo, 2018.

MBEMBE, Achille. *Sortir de la grande nuit (essai sur l'Afrique décolonisée)*. Paris: La Decouverte, 2013.

_____. *Critique de la raison nègre*. Paris: La Decouverte, 2015.

_____. *Politique de l'inimitié*. Paris: La Decouverte, 2018.

MIRANDA, Wander Melo. *Corpos escritos: Graciliano Ramos e Silviano Santiago*. São Paulo: Editora da USP; Belo Horizonte: UFMG, 1992.

MOUFFE, Chantal. *Agonistique, penser politiquement le monde*. Paris: Editions Beaux Arts, 2014.

_____. *Pour un populisme de gauche*. Paris: Albin Michel, 2018.

_____. (org.). *A trama do arquivo*. Belo Horizonte: UFMG, 1995.

NANCY, Jean-Luc. *Corpus*. Paris: Metailié, 2000.

NANCY, Jean-Luc; JANDIN, Pierre-Philippe. "Affects politiques", in *La possibilité d´un monde*. Paris: Les Dialogues des Petits Platons, 2013.

NASCIMENTO, Evandro. *Derrida e a literatura: notas de literatura e filosofia nos textos da desconstrução*. Rio de Janeiro: Eduff, 1999.

OYĚWÙMÍ, Oyèrónké. "Visualizing the Body: Western Theories and African Subjects", in *The Invention of Women: Making an African Sense of Western Gender Discourses*. Minneapolis: University of Minnesota Press, 1997, p. 1-30. Tradução para uso didático de Wanderson Flor do Nascimento.

PELBART, Peter Pál. *Vida capital: ensaios de biopolítica*. São Paulo: Iluminuras, 2003.

_____. "Da dessubjetivação nomádica à subjetivação herética", in KIFFER, Ana et al. (org.). *Reinvenções de Foucault*. Rio de Janeiro: Lamparina, Capes, Faperj, 2016.

RANCIÈRE, Jacques. *Políticas da escrita*. Trad. Raquel Ramalhete. São Paulo: Editora 34, 1995.

_____. *A partilha do sensível: estética e política*. Trad. Mônica Costa Neto. São Paulo: EIXO Experimental; Editora 34, 2005.

RIBEIRO, Djamila. *Lugar de fala*. Belo Horizonte: Letramento, coleção Femininos Plurais, 2017.

SAFATLE, Vladimir. *Quando as ruas queimam*. São Paulo: n-1 edições, 2016.

STANDING, Guy. *Le précariat: les dangers d'une nouvelle classe*. Paris: Les Editions de l'Opportun, 2014.

TAYLOR, Diane. *Performance*. Buenos Aires: Assunto Impresso Ediciones, 2012.

UNO, Kunichi. *A gênese de um corpo desconhecido*. São Paulo: n-1 edições, 2012.

_____. *Guattari: confrontações/conversas com Kunichi Uno e Laymert Garcia dos Santos*. São Paulo: n-1 edições, 2016.

WARBURG, Aby. *L'Atlas mnémosyne*. Paris: L'Écarquillé, INHA, 2012.

ZARVOS, Clarisse. *Narrativas da peste, poéticas e estéticas de contágio: da Primavera Árabe às Jornadas de Junho*. Tese de Doutorado em Literatura, Cultura e Contemporaneidade, Departamento de Letras, Rio de Janeiro, Pontifícia Universidade Católica do Rio de Janeiro, 2018.

ARQUEOLOGIA DO ÓDIO
APONTAMENTOS SOBRE ESCRITA E DEMOCRACIA[1]
Gabriel Giorgi

HISTÓRIA DE UM CONTEXTO

Durante os dois governos de Cristina Fernández de Kirchner na Argentina (2008-2015), uma palavra pareceu capturar o *sensorium* da esfera pública argentina: *crispación*, "crispação". A crispação definia um humor social próprio de uma polarização cada vez mais intensificada em torno das políticas redistributivas do governo kirchnerista e uma politização – que muitos/as percebiam como demasiadamente agressiva, ou diretamente manipuladora, e que mascararia problemas reais – de um governo que setores da política e da imprensa caracterizavam como "ideologizado". Essa crispação indicava, para alguns setores, uma conflituosidade posta a serviço do governo (contra certos atores políticos, como a oligarquia, a impressa hegemônica etc.) ou mobilizada contra o governo – e especialmente contra a figura de Cristina

---

1. Tradução do espanhol de Ricardo Duarte Filho.

– traduzida em uma violência verbal que recuperava tons racistas, machistas e classicistas e que bebia em uma tradição antiperonista de longa data. Em todo caso, "crispação" marcava algo fundamental: o rompimento das retóricas do consenso democrático que haviam marcado a norma de uma democracia na qual a crise econômica e social produzida pelas políticas neoliberais desde os anos 1990 originava contradições cada vez mais insolúveis.

Crispação é uma palavra interessante. Uma rápida pesquisa no Google nos mostra o seguinte resultado:

crispação
substantivo feminino
1. Grande irritação.
2. Contração brusca e momentânea de um músculo, nervo ou membro.

Por um lado, crispação ("substantivo feminino") passa pelo estado psicológico ou pela atmosfera emocional de um sujeito ou de um grupo: a "irritação" que satura uma dada situação. Mas, ao mesmo tempo, crispação aponta para o corpo: uma "contração", um endurecimento, uma cristalização nervosa e muscular. O movimento semântico passa pelo afeto e pelo corpo: vai do humor ao gesto, passa entre terminais que são, por sua vez, físicos e subjetivos, e sempre contagiosos: o que traça um *contorno* dos corpos e de suas relações, que não se limita ao interior e necessita manifestar-se para fora, até o *entre* da vida em comum. Dito de outro modo, indica algo que

Ana Kiffer, neste mesmo livro, nomeia de "inscrição" de "afecções" coletivas: uma forma de escrita difusa, derramada desde *e* sobre os corpos, capaz de expressar e de canalizar energias afetivas e desejantes que não terminam de encontrar sua formulação discursiva reconhecível.

De fato, este universo público, coletivo, que durante vários anos se conjugava sob o signo da crispação, ilumina duas transformações que são solidárias e que definem as linhas de exploração deste ensaio. Por um lado, indicava certa eletrificação e um aumento de intensidade de um debate político crescentemente clivado para o afeto, em que o "debate de ideias" se tornava inseparável, de forma explícita, de intensidades afetivas, que se exibiam como um componente central do político. Isto é: um debate sobre os impostos aplicados às exportações do campo (momento chave, batismal, se poderia dizer, do governo de Cristina) se converteu em um laboratório de linguagens que, claramente, transbordou o debate sobre uma política econômica e canalizou "mundos" sociais e históricos e formas de vida reais e/ou fantasiadas. Esse laboratório de linguagens – que começava a conjugar-se sob o signo do ódio e que marcou o momento nítido da "crispação" – gravitava de modo explícito, quase hiperbólico, em direção ao universo do afetivo. O afeto tem essa capacidade de condensação de sentidos, e essa é, precisamente, sua potência política: a de justapor, como sedimentos acumulados, sentidos políticos, experiências coletivas, temporalidades e história (de classe, identitárias, de gênero etc.). O afeto é *ao mesmo tempo* evento e memória. A crispação nomeava, na conjuntura argentina, esse umbral afetivo que parecia absorver ou atrair o debate público para uma zona de intensidades que, se sempre foi parte do político, adquiria um novo protagonismo. Mas, ao mesmo tempo – e esse é o ponto principal do meu ensaio – a "crispação" se evidenciava inseparável de outra transformação: *a das escritas*. Toda a conversa sobre a irritação social durante o governo de Cristina estava claramente ligada ao debate sobre o papel das mídias, especialmente à figura das "mídias hegemônicas", monopolizando a palavra pública e exercendo o que se denominou "jornalismo de guerra" contra o governo, tornando-se o rosto da oposição ao kirchnerismo. Mas a crispação era fundamentalmente inseparável de um novo espaço de escrita, enunciação e circulação, que tensionava e impregnava com um novo poder as próprias práticas do escrever e que arrastava as tradicionais mídias impressas a uma nova lógica: os territórios eletrônicos, que começavam a gravitar e a produzir seus registros e seus personagens ("usuários", "comentadores", "trolls", "bots" etc.), dos quais se modulou um novo registro do político e também das práticas do escrever. Esse espaço da escrita – que se anunciou como "subsolo", literalmente abaixo, dos portais de notícia dos jornais, onde se discutiam as notícias em "fóruns" frequentemente cacofônicos e violentos – foi ganhando peso, potência de expressão e força de subjetivação. *A crispação era também, portanto, uma dispersão e um reordenamento das práticas de escrita:* essa história é, como eu gostaria de sugerir, uma das chaves do presente.

Escritas fragmentadas, assintáticas, anônimas, movendo-se entre registros do oral, do performático e do escrito, evadindo a protocolos formais do que se diz e do que se escreve em público: aí começaram a se consolidar lugares de enunciação que gravitaram de modo cada vez mais denso na vida política e social da Argentina. Escritas da transgressão dos pactos centrais à democracia argentina: reivindicam a ditadura, o genocídio, o machismo, o racismo, o antiperonismo. Dizem todo o indizível, o "politicamente incorreto": se regozijam no gozo desse "tudo" que seria interdito, um tudo sem fundo, insondável, em que a língua quer escavar as camadas, os sedimentos, os tempos e as memórias marginais, expurgadas ou interditas por uma tênue civilidade democrática. Essas enunciações encontram e cultivam uma nova capacidade da escrita – no seu cruzamento com novas tecnologias – para indagar, articular, "tocar" sedimentos de sentidos e afetos coletivos que as democracias pós-ditatoriais necessitaram aclarar para traçar as coordenadas de um pacto cultural e civil. E, sobretudo, *dispersaram a própria escrita*, tirando-a de seus formatos habituais – o jornal, o livro, a revista –, indexadores e modeladores do público, abrindo-a a modos de publicação, circulação e interpelação inéditos.

Não há ódio contemporâneo sem essa nova gravitação da escrita que modula as subjetividades com nova intensidade e que desagrega seus protocolos e seus formatos prévios. Aí despontam – e essa é a premissa deste ensaio – novos agenciamentos coletivos de enunciação: uma nova distribuição de focos de ressonância, de voz e

Arqueologia do ódio   83

de sentidos coletivos (uma enunciação é um modo de rearticular as relações entre palavras e corpos, entre vozes e universos de sentidos), e uma nova tecnologia do escrito e do publicável. Aí se lê, em primeiro lugar, a emergência de novas enunciações de direita que se ligarão em torno dos focos interditos do pacto democrático e mobilizarão fórmula racistas, machistas e violentas como lugar de desafio e de gozo, e a isso se desejará marcar sob o signo do *plebeu*, do popular conservador e do racismo "de baixo". Essa emergência será nomeada "ódio".

Mas esse ódio sinaliza também um abalo profundo do pacto democrático herdado das transições democráticas, e disso emergem novas potências da política, do desejo e da subjetividade. Potências reativas, sem dúvida, mas também potências criadoras e emancipadoras, que disputam e reinventam a própria matriz da igualdade, de onde também emergirão vozes que, quero sugerir, passam pelo ódio, mas que têm a capacidade de o descentralizar, de o levar até outro lugar (vozes que dirão, por exemplo: "Al patriarcado lo hacemos concha.").[2] Nesse lugar de ambivalência, ponto cego e simultaneamente foco de sentidos atuais e virtuais, é onde devemos situar o ódio como condensador de afetos múltiplos, e a escrita como pedagogia – ao mesmo tempo íntima e coletiva – dos afetos políticos.

No dia seguinte à vitória de Mauricio Macri, em novembro de 2015, o diário *La Nación* – órgão alinhado às

---

2. N. do T.: Frase usada pelo movimento feminista argentino. Uma possível tradução seria: "Ao patriarcado, damos bocetas!"

direitas liberais e/ou autoritárias mais recalcitrantes
– publicou um editorial no qual exigia a prisão domici-
liar para os genocidas que a justiça havia condenado à
prisão comum.[3] O subsolo das linguagens online, desses
comentários anônimos, das vozes plebeias em seu gozo
de uma almejada incorreção política (dado que, em realidade, é uma falsa incorreção, já que invoca uma hiper-
correção, uma restauração de uma ordem intocada), esse
subsolo que formava o arquivo opaco da internet e das
redes sociais – essa memória coletiva, sem nome próprio,
como uma geologia ativa das linguagens públicas –, esse
subsolo *subia* à página central de um dos principais jornais da Argentina. Da mesma maneira que, pouco tempo
depois, o universo de linguagens que corroeu a figura de
Dilma Rousseff e do lulismo em geral fez do cenário virtual o foco de uma transformação política que trilharia o
caminho ao impeachment, ao governo de Temer e à posterior vitória eleitoral de Jair Bolsonaro no Brasil.

Plebeu/legítimo, dizível/indizível, efêmero/arquivá-
vel, autorizado/desautorizado, letrado/iletrado, publi-
cável/impublicável, íntimo/viral: *as escritas explodem e
dispersam as repartições prévias.* As matrizes que configu-
raram tradições inteiras do escrito – seus limites, seus
personagens, seus circuitos, suas interpelações – se tornam estilhaços de uma reconfiguração radical. A força e
o tom dessa transformação, quero sugerir, se condensam

3. Disponível em: <www.lanacion.com.ar/opinion/no-mas-venganza-
-nid1847930>.

sob o signo do ódio. No centro dessa reconfiguração está o escrito – *e, portanto, essa instituição sempre obsoleta, e sempre futura, que chamamos "literatura".*

Na etapa mais recente desse contexto, alguns artistas, escritores/as, críticos/as – interessantemente são figuras difusas, "inespecíficas", diria Florencia Garramuño[4] – tiveram a inteligência e a atenção necessárias para captar que algo importante estava acontecendo no terreno dessas escritas públicas e conceberam instalações que, fundamentalmente, exibem escritas de ódio e, ao exibi-las, as pensam. O presente ensaio quer seguir o rastro de suas explorações em torno dessas *escritas performáticas do ódio* e seus sedimentos: fazer das instalações, mais que "obras" a analisar, mas um método crítico, um procedimento a potencializar. Busca ler – isto é, ativar – desde aí uma nova repartição de sentidos, afetos, subjetivações e enunciações nas quais se desdobra uma *arqueologia do tempo presente*.

MATERIAIS

"Que Deus abençoe todas pessoas e pau nos vagabundos... Duvido que se fosse na época dos generais chegaria a esse ponto neste país. Viva a ditadura!...
São Paulo livre das drogas, rumo ao progresso, família cristã e trabalho. ...

---

4. F. Garramuño, *Mundos en común. Ensayos sobre la inespecificidad en el arte,* Buenos Aires: Fondo de Cultura Económica, 2014

Sejamos sensatos, tem que matar, senão não resolve.
Essa é a nova cara do Brasil..."

"Me confesso racista,
não por maldade,
simplesmente está em meu
código cultural. Me incomodam os negros africanos
[...]
Buenos Aires se transformou
em um mercado negro.
Embranqueçamos o Mercado..."
"MOROCHO ARGENTINO=VIOLENCIA
AL PAN PAN Y AL NEGRO CABEZA"[5]

"Chega de inimputabilidade. Não existe nação indí-
gena. Existe nação brasileira."
"Chega dessa bobagem de reserva indígena. Ponham
essa corja de vagabundos para trabalhar."
"Indios? Parecem um bando de sem-terra..."

---

5. N. do T.: *Morocho*, na Argentina, tem um uso próximo a "moreno", podendo ser usado tanto para definir pessoas com cabelos escuros, quanto para referir-se a sujeitos racializados. *Cabecitas negras* foi originariamente um termo racista e classicista, usado majoritariamente pelas classes média e alta de Buenos Aires, para designar, de maneira depreciativa, sujeitos da classe trabalhadora, reapropriado pelo primeiro peronismo, nos anos 1940 e 1950, para interpelar as massas. Desse termo veio também o *negro cabeza*, que evoca uma ideia de atraso, brutalidade e falta de intelecto.

Arqueologia do ódio

O que circula, o que se compartilha, o que viraliza, o que se encaminha; o que se publica nos murais do Facebook e nos fóruns; o que entra nas correntes do Whatsapp, o que passa entre os murais, os fóruns e as conversas em território eletrônico; o que *ao se passar por aí, se faz*: imagens da vida coletiva em uma inflexão raivosa das democracias contemporâneas. Uma espécie de magma (ou "cloaca") de linguagens que se exibe e se dramatiza em os *Diários do ódio*[6] *[Diarios del odio]*, a instalação de Roberto Jacoby e Sid Krochmalny, de 2014, que logo se torna um livro de poemas (2016) e, mais tarde, uma encenação teatral realizada por Silvio Lang em Buenos Aires (2017.) Esses *Diários* recompilam os comentários online dos jornais *La Nación* e *Clarín* durante 2008 e 2015 – jornais notoriamente antikirchneristas –, nos quais se elaboraram linguagens e afetos que se tornariam linhas dominantes do público no presente.

Esse magma de linguagens se dramatiza também em *Odiolândia*, uma videoinstalação de 2017, na qual a artista brasileira Giselle Beiguelman[7] projeta, em *loop*, frases extraídas de fóruns online apoiando a invasão da política militar de São Paulo à área chamada "Cracolândia", conhecida como lugar de residência de dependentes químicos e de vendedores de drogas. As frases se sucedem sobre o fundo de uma tela negra, acompanhadas pelos sons da intervenção policial, gravados ao vivo: gritos, ordens,

6. Disponível em: <www.sydkrochmalny.blogspot.com/2014>.
7. Disponível em: <www.desvirtual.com/portfolio/odiolandia-hateland>.

latidos, disparos. Essa instalação se tornou um livro publicado em 2017, da mesma maneira que os *Diários*: são obras que vão mudando de formatos e de suportes, são formatos nômades (em que a escrita existe em trânsito).

Antes dessas duas peças que põem o ódio explicitamente em seus títulos, Veronica Stigger havia curado uma mostra chamada *Menos um*,[8] apresentada na Frestas – Trienal de Artes de Sorocaba em 2014, onde montou imagens, extraídas da internet, de indígenas assassinados no Brasil, junto aos comentários online que essas imagens provocaram, além de relatos sobre os assassinatos. Imagens e enunciados se sucedem em um mesmo ritmo, com o som do disparo da câmera, que soa como guilhotina e tiro. Os comentários comemorando os assassinatos dos indígenas vêm, literalmente, "do público", e se atam à circulação das imagens na rede. O "menos um" do título, se origina também desses comentários.

Essas instalações têm a inteligência e o poder de enfocarem a centralidade do ódio como afeto político nas democracias contemporâneas, sinalizando a inédita estridência com que se exibe e reclama um lugar no repertório das enunciações. O ódio como tonalidade prevalente em democracias que parecem sacudir as retóricas (ao menos declaradas) de consenso, diálogo e direitos humanos que haviam marcado as transições pós-ditatoriais – um ódio, portanto, como marcador de outra modulação e outro tom do democrático.

8. Disponível em: <www.vimeo.com/109899990>.

Arqueologia do ódio 89

Ao mesmo tempo, as instalações iluminam uma questão chave: *o fato de que esse ódio é inseparável de uma transformação do universo e das tecnologias da escrita*, de seus novos circuitos, nos quais se reconfiguram os modos de dicção, de enunciação e de interpelação públicas. São *dispositivos de exibição da escrita*, na qual se percebe uma nova densidade subjetiva e histórica. As instalações enfocam o ódio como matéria política e afetiva em seu ligamento com o recurso formal da escrita eletrônica, e nessa intersecção se situa a pergunta pelo democrático no contexto de um novo avanço neoliberal e/ou neofascista. O ódio, então, como uma radiografia do presente: como afeto que articula simultaneamente a reconfiguração de subjetividades políticas e os circuitos e modulações da escrita e de seus modos de existência pública.

Nesse remapeamento do público e do democrático, emergem novas vozes e novas subjetivações, e o fazem através da escrita. O ódio eletrifica novas enunciações que emergem na paisagem do público, como uma luz estridente sobre um fundo que sobe à superfície e se torna enunciação, voz, subjetividade. Essas vozes descartam o que havia sido uma "regra do jogo" das democracias pós-ditatoriais: o consenso como aposta ou como horizonte normativo, regulador, do público. Apostam no litígio como reconfiguração radical do mundo em comum e das imagens de igualdade. São – como vemos nos exemplos citados acima – violentas, restauradoras, sistematicamente racistas, algumas vezes mobilizando fórmulas e símbolos fascistas. *Disputam lugares de enunciação e os limites do dizível em uma democracia: o ódio é aqui uma guerra pela dicção democrática.* Mas essa disputa também mobiliza outras enunciações, outras energias e outros sentidos que não se albergaram no pacto democrático prévio, como as vozes e as lutas dos feminismos e os antirracismos que apontam para o desfazer das matrizes da democracia patriarcal e branca. O que se reorganiza, então, em torno desse ódio, o que se arrasta e o que se libera? Algo da força do ódio que redistribui lugares de subjetivação e de enunciação, tons e interpelações. Como pensar esta centralidade do ódio, seu contágio e sua ambivalência? Que reconfigurações do público se levam adiante? Como situar as modulações do ódio – e suas variantes: a bronca, a fúria, a ira – nas lutas democráticas? O ódio indica, antes de mais nada, o colocar em jogo (isto é: em risco e em movimento) a palavra na democracia: uma redistribuição de vozes, objetos, tons e sentidos na qual se encena, fundamentalmente, uma disputa pelo dizível e pelas regras do inteligível democrático. Pensar o ódio político é, portanto, fazer uma *arqueologia do presente*: um olhar hesitante e precário sobre processos *em formação* em torno das regras do dizível e do inteligível, nas quais se traçam novas posições de sujeito/enunciação e redistribuições do público que passam por uma transformação do universo do escrito.

Ana Kiffer, no ensaio incluído neste volume, sinaliza algo esclarecedor: o ódio se faz legível como "escritas do corpo", na qual certos afetos sobem à superfície do social, desmontando os discursos políticos e coletivos unificados. Kiffer se centra em um aspecto fundamental do ódio: "da força [...], próprio ao rasgar, como ao retraçar dos sistemas discursivos e simbólicos instaurados", que, para ela, se faz visível nas inscrições corporais como o gesto (ao revés e em tensão à dimensão do discurso: há que aprender a ler esses sentidos afetivos, corporais e materiais à distância da cultura da letra e da palavra articulada). Aqui podemos ler, diz Kiffer, "um novo operador de subjetivação política". Se Kiffer lê esse operador do lado do gesto, como inscrição, me parece interessante realizar a operação complementar: ler a própria escrita como um gesto. Com isso, quero dizer: pensar as *escritas performáticas do ódio*, encenadas aqui em sua nova contiguidade com o gesto, o afeto e o corpo. O cruzamento entre afetos, escrita e territórios eletrônicos parece ativar novos umbrais entre corpos e sentidos, situando as reconfigurações contemporâneas do ódio político. Trata-se de pensar e entender as potências que são ativadas nessas escritas pelas novas tecnologias, e o incentivo renovado de sua capacidade para *fazer (o) público*. Por isso, não se trata exatamente de pensar como as escritas representam e canalizam esse novo ódio, mas sim em pensar *o que o ódio faz à escrita*, que potências ativa nela, como transforma seus circuitos, seus escritores e seus leitores, suas interpelações e pontos cegos; dado que nessa transformação se fazem visíveis os novos cenários do público no qual dá-se lugar às disputas por – e a própria formatação – da igualdade nas democracias contemporâneas.

ARQUIVOS DO ÓDIO

É, sem dúvida, significativo que as instalações de Jacoby/
Krochmalny, Beiguelman e Stigger (cuja quase simulta-
neidade é sintomática: todas têm lugar entre 2015 e 2018)
girem ao redor de um procedimento similar: recompilar,
editar e arquivar essas escritas violentas, anônimas, ao
mesmo tempo exasperadas e gozosas, nas quais parece
emergir uma nova configuração, convulsiva e violenta,
do público e do democrático. *Esse procedimento de arquivamento* não se concentra apenas no material afetivo que
as instalações nomeiam como "ódio", mas fundamentalmente nessas escritas ínfimas, aparentemente insignificantes, que se acumulam em territórios eletrônicos,
nos fóruns, nos comentários online, nos "debates" sobre notícias e vídeos na rede. É o território da escrita
eletrônico em si que aqui se torna instância de arquivo.
A partir daí se iluminam enunciações que, no terreno
aparentemente efêmero e residual do "mural virtual", demarcam subjetivações que se revelarão mais perduráveis,
mais insistentes e mais consistentes que a postagem ins-
tantânea parece indicar: uma sedimentação de escritas
que, destinadas ao esquecimento, se tornarão a paisagem
espessa do presente.

Esse procedimento de arquivamento traz muitas con-
sequências. Por um lado, o efeito de *volume*: os enunciados do ódio são muitos, parecem incessantes, formam
uma massa discursiva que parece não se conter (vejamos
as paredes cheias da instalação dos *Diários*, ou o fluxo em

Arqueologia do ódio   93

loop permanente de *Odiolândia*). Uma massa textual que gira, evidentemente, ao redor do anonimato desses enunciados, esse mascaramento inédito, permitida pela escrita online (ao menos em algumas de suas plataformas). Esse volume massivo produz um efeito de coro: não são vozes excepcionais, individuais ou anômalas; são enunciados que *se exibem em sua regularidade* e, consequentemente, em uma *normalidade* que se institui como o próprio efeito de sua acumulação. Há uma zona de discurso que já não é o "insulto" racista ou misógino excepcional, mas que se mostra na regularidade que as instalações agrupam sob o signo do ódio. Os enunciados do ódio saturam a parede, a tela, a página, o cenário encenação de Silvio Lang: são cacofônicos e numerosos. A correspondência desse volume como uma "massa" ou uma "multidão" social real não pode ser derivada do arquivo: a natureza viral e anônima da escrita eletrônica – que se realiza no *troll* e no *bot* – torna impossível traçar qualquer correspondência entre enunciado e enunciador, entre massa textual e massa social. Essa capacidade das tecnologias online para simular uma multidão fraudulenta tem sido frequentemente apontada e tornou-se matéria de análises e disputas recorrentes. Aqui, entretanto, gostaria de apontar outro aspecto: o fato de que esse efeito de coro, enorme e numeroso do próprio procedimento de arquivo, sua acumulação e exibição de escritas, tem uma consequência clara: *o ódio como norma*, não como exceção. O ódio se normaliza, e essa nova normalidade é um dado fundamental para pensar a reconfiguração do público.

Essas instalações exibem não apenas o ódio, mas também sua escrita: o ódio como escrita. Essa interseção entre afeto político e tecnologias da escrita ilumina não apenas uma reconfiguração das subjetivações, mas também do público, dos modos em que isso que chamamos "esfera pública" (que implica também a "publicação" e a constituição de "públicos") se transforma no presente.

BARULHO PÚBLICO

As escritas do ódio são vociferantes, cacofônicas, estridentes: transmitem um teatro da voz que opera no limite da linguagem articulada. Enfatizam uma centralidade da voz e do grito sobre a qual gostaria de deter-me, pois julgo que é aqui que podemos ver um aspecto central do ódio contemporâneo: seu lugar limítrofe entre a linguagem articulada e o *barulho* da voz, onde os limites do dizível entram em questão. Se o ódio é uma disputa entre o dizível publicamente, então essa disputa tem lugar no limite entre a palavra articulada, autorizada, com valor normativo, e aquelas linguagens irreconhecíveis, ilegítimas, sem autoridade, insignificantes. Murmúrio, tumulto, rumor, clamor, esse contorno no qual as palavras se dissolvem no grito, no sussurro, na meia-voz, na seção anônima das enunciações, essa zona impessoal entre palavra e mero som insignificante. A fricção entre voz e palavra: em que não se sabe se há significados válidos, reconhecíveis, capazes de definir imagens e sentidos do coletivo. *Aí se situa o ódio.*

Nesse sentido, se torna produtiva a reflexão de Jacques Rancière sobre o barulho como o fator decisivo da esfera pública. Dado que, mais que uma reflexão sobre o público como horizonte de diálogo, de disputa e de formação de "opiniões", Rancière pensa o público – que para ele é inseparável do *demos*, e, por isso, da disputa de igualdade – a partir do barulho:

> *Há política porque o logos nunca é apenas a palavra, porque ele é sempre indissoluvelmente a contagem que é feita dessa palavra: a contagem pela qual uma emissão sonora é ouvida como palavra, apta a enunciar o justo, enquanto uma outra é apenas percebida como barulho que designa prazer ou dor, consentimento ou revolta.*[9]

O mal-entendido, essa disputa pelo que conta como *logos* ou como barulho, que Rancière chama *la mesentènte*, é o ponto inicial e essencial do público, e não sua falha ou sua margem. Para o autor, a chave é esse momento, ou esse umbral, em que as expressões que saem de corpos politicamente insignificantes – que ele chama de "plebeus" – reclamam seu direito a serem ouvidos e reconhecidos como enunciados politicamente válidos, ou seja: enunciados nos quais se reconhece uma construção do mundo em comum, e onde esses corpos revelam e reclamam sua capacidade como seres falantes e, portanto,

9. J. Rancière, *O desentendimiento*, p. 36.

iguais aos que detêm o direito à palavra e ao seu poder normativo, seu poder de fazer mundo.[10] É, como sabemos, uma disputa pela competência, na qual Rancière vê a legitimação mesma do poder: quem sabe, quem pode traçar os contornos do mundo em comum sobre o qual tem lugar as lutas por igualdade e quem pode dizer esse mundo. No centro dessa disputa: o grito, o barulho, o tumulto, o murmúrio, a fofoca, a voz anônima, o que se diz a meia-voz, o que circula e fricciona os modos da dicção pública: a voz, *o barulho na língua*. É nessa fricção, entre o que pode ou não ser palavra, enunciado válido, que tem força de verdade, que Rancière localiza o trabalho do público, o *fazer público*. O público como prática não seria, portanto, apenas a circulação e o debate de ideias, ou a oferta e o consumo de bens simbólicos; seu ponto central seria esse deslizamento permanente, essa tensão simultaneamente episódica e sistemática ao redor dos limites da palavra válida, do enunciado reconhecível, das fórmulas de inteligibilidade através das quais uma dada sociedade define o mundo em comum sobre o qual têm lugar as disputas pela igualdade.

Creio que é nessa tensão entre palavra e barulho como configuradora do público que devemos situar a pergunta pelo ódio, do ódio político como ódio escrito.

---

10. Lembremos que Rancière analisa o relato de uma disputa entre patrícios e plebeus no mundo romano: a seção de Aventin: "A posição dos patrícios intransigentes é simples: não há por que discutir com os plebeus, pela simples razão de que estes não falam." Idem, p. 37.

Parece-me que no barulho, na cacofonia e gritaria do ódio como afeto político central das democracias contemporâneas se leem não apenas a emergência de novas subjetivações políticas – que são simultaneamente plebeias e conservadoras ou restauradoras –, mas também uma ruptura do pacto do dizível e da distribuição da palavra pública, os modos de expressão e as formas de sentido reconhecíveis como válidas. *É esse litígio o que se conjuga através do ódio.* Sugiro que nele se desdobra algo mais que as expressões de velhos e novos racismos, masculinismos, fobias, classicismos. Nele se desdobra também uma rearticulação de pactos democráticos, que passa, fundamentalmente, por essa antiguíssima tecnologia da relação que nomeamos "escrita".

GUERRAS DE SUBJETIVIDADE

O que se odeia nessas terras do ódio (Odio*lândia*) e nesses tempos de ódio (*Diários do ódio*)? Vejamos um par de textos:

> *"Era melhor ter deixado todos juntos e testar nesses zumbis algumas armas químicas ou simplesmente tacar fogo em todos."*
> *"Que Deus abençoe as pessoas e pau nos vagabundos."*
> *"A maioria desses viciados são nordestinos... O governo precisa enviá-los para suas terras de volta."*
> *(Odiolândia)*

"Querido negro de merda:
[...]
lhe desejo um verão caloroso,
nem um real para o vinho
e uma bala na cabeça."
"Os papéis podem dizer uma coisa,
mas a natureza é outra!
Vão ser homens ou mulheres até o final de seus dias."
(*Diarios del odio*)

O que aqui se chama "ódio", além de um afeto que degrada e violenta um outro, leva adiante uma operação clássica das sociedades modernas: a que *transcreve antagonismos de classe, de gênero e sexuais — antagonismos de natureza política — em distinções imediatamente biopolíticas*, que ultrapassam a constituição biológica, anatômica e racial, por uma "natureza" que demarca os limites do humano. A diferença política e cultural torna-se antagonismo ontológico, *que atualiza e mobiliza, todo o tempo, o próprio limite da espécie humana*: passamos das linguagens da diferença social ou cultural às linguagens da espécie e da "natureza". Isso é o que permeia essas escritas. Evidentemente, a raça, ou, melhor dizendo: a racialização, mas também o gênero e a sexualidade. Raça, gênero, sexualidade, corporalidades: "cesuras biopolíticas", poderíamos dizer com Agamben. Essas escritas proliferam sobre essas cesuras, sobre essas marcações nas quais se vai esboçando uma demarcação da ontologia do humano e a desagregação do menos-que-humano-, já-não-humano etc. O "dispositivo

Arqueologia do ódio 99

da pessoa", do qual fala Roberto Esposito,[11] encontra aqui uma espécie de festival da escrita: as operações de demarcação da não pessoa e sua exibição como fato político se conjugam e proliferam em série. É essa marcação biopolítica o que emerge sob o signo do ódio.

Essa marcação é proliferante nesses materiais: o "negro" ou o "zumbi", o índio, os vagabundos, a puta, o veado, a feminazi, os nordestinos etc., é uma série aberta, potencialmente infinita, na qual se demarcam os limites da espécie. O ódio, portanto, como demarcador do propriamente humano a partir dessa segregação, potencialmente infinita, de "outros".

Os recorrentes vocabulários racializantes imediatamente evocam as operações que Foucault relacionava ao "racismo do Estado": a demarcação de uma "sub-raça" em torno da qual se conjuga o trabalho do biopoder e sua engrenagem com o Estado moderno, cuja eliminação promete "mais vida", ao mesmo tempo que epitomiza a tarefa do Estado como "defensor da sociedade". O racismo do Estado de Foucault se trata fundamentalmente da construção biopolítica do Inimigo: o judeu, o comunista, o delinquente, o terrorista etc. É, sem dúvida, uma operação múltipla, sistemática, proliferante, mas que acaba por se conjugar em torno do binarismo raça/sub-raça (ou vida/subvida). Entretanto – e isto é crucial –, creio que seria um erro ler essas instâncias de ódio sob a lógica do racismo do Estado e sua matriz binária como

11. R. Esposito, *El dispositivo de la persona*.

distribuição entre raças com vidas a defender e sub-raças com subvidas a combater.[12] Em vez disso, ao desdobrar-se nessa série potencialmente infinita de figuras de sub-humanidade, a proliferar o ódio (essa "metralhadora giratória", disse um crítico brasileiro sobre a obra de Beiguelman),[13] ilumina uma transformação chave. Mais que em torno do velho "racismo do Estado" – com sua articulação através de um Estado e de suas tecnologias, instituições e saberes –, a paisagem contemporânea se articula, argumentam Eric Alliez e Maurizio Lazzarato,[14] em torno das "guerras de subjetividade", ou a "guerra no seio da população". Ou seja, as guerras próprias do momento neoliberal que, segundo os autores, se tornam indissociáveis de uma governabilidade que opera sobre as divisões internas da população. São guerras que operam como condição permanente da gestão do social: não se aposta na superação do conflito, mas na sua permanente gestão. São dados proliferantes que operam pelas linhas internas de divisão da população: linhas raciais, de gênero, sexuais, de classe, religiosas etc. Ofertam "segurança" a partir da gestão e multiplicação do medo e da constante

12. No racismo do Estado, segundo a formulação foucaultiana, a raça é uma "precondição" que faz com que matar seja aceitável, e que essa precondição pressupõe uma "raça pura" unificada, uma boa raça a ser preservada de diversos inimigos, traçando uma divisão entre uma "super-raça" e uma "sub-raça". Essa função centralizadora se perdeu nas guerras correntes (M. Foucault, *Il faut défendre la societé*).

13. G. Wisnik, 2018.

14. E. Alliez, M. Lazzarato, *Guerre et capital*.

Arqueologia do ódio 101

"irritação" do social. Funcionam como um repertório de focos de ameaça e mal-estar que se podem ativar ou deixar latentes para usos táticos. E – este é o ponto central de Alliez e Lazzarato – fazem dessa gestão sua lógica de governabilidade. Precisamente por isso são "guerras de subjetividade": porque fazem desta guerra contínua, quotidiana, o ponto de autogoverno subjetivo: o "conduzir condutas" de Foucault. O governo, a partir do autogoverno, passa, dizem os autores, pela guerra como demarcação do campo de conduta dos sujeitos. O objetivo da guerra é a subjetividade (a formatação da liberdade e do campo de ressonância afetivo) e não a destruição do Inimigo (ainda que, evidentemente, haja mortos no caminho). Seu terreno é a subjetividade, e tem lugar no terreno frágil, atravessado por cesuras internas, por antigas e novas tensões no interior da população.

Gostaria de pensar essas línguas seriais do ódio, sua visibilidade "rizomática" nessas instalações, tendo como pano de fundo essas "guerras de subjetividade": como *dramatizações*, em e pela escrita, dessa incitação permanente ao conflito como imagem do social no presente. Como se a permissão cultural e simbólica para o ódio que parece articular-se na escrita (sempre se odiou, e esse ódio sempre foi falado – mas agora se escreve, se encaminha, se circula e se multiplica) fosse o "estado da língua" que corresponde à gestão das guerras de subjetividade: a forma que expressa uma certa reorganização do social a partir da própria língua.

Curiosamente, diferente das outras duas instalações, a de Veronica Stigger, *Menos um*, se centraliza na figura racializada do indígena, o que pareceria responder mais à lógica clássica do racismo do Estado. Entretanto, mesmo aqui podemos ver que o campo de ação das "guerras de subjetividade" é o contágio, a transferência da ameaça a grupos contíguos: a "raça" não pode conter o ódio, mas pode tornar-se uma linha de deslocamento e contágio: "Índios? Parecem um bando de sem-terra", diz um dos comentários, por exemplo. "Encontraram com esses índios uma carteira do Corinthians. Não passam de atores para ganhar terra grátis", escreve outro. Os textos compilados por Stigger insistem nesse "falso índio", em que o indígena se torna uma espécie de figura disponível para um repertório mais amplo de vagabundos, indisciplinados e delinquentes. O ódio não se concentra, não individualiza; ao contrário: se torna incremental, multiplicador, disperso.

Essas "guerras de subjetividade" que podem soar abstratas e demasiadamente universalizantes têm uma ancoragem histórica e local muito nítida na Argentina e no Brasil, que os enunciados do ódio enfocam de maneira sistemática, quase obsessiva. Pois a "metralhadora giratória" do ódio parece ter um tema em comum: os direitos humanos.

"ESMA[15]
Deveriam lotear essa porcaria

---

15. ESMA é a sigla da *Escuela Mecánica de la Armada*, o maior centro de detenção e tortura durante a ditadura militar, agora um museu da memória.

Arqueologia do ódio 103

E fazer prédios
Sim, com amenities e tudo o que quiser
Para tirar esse lixo urgente."
(Diarios del odio)

"Esses vermes dos direitos dos manos."
(Odiolândia)

De fato, uma das hipóteses sobre o ódio é que o "campo de ressonância" desses enunciados é um trabalho de deslocamento e erosão de uma certa ideia de democracia que, em ambos os países, de formas diferentes porém certamente centrais, se estabeleceu no discurso de direitos humanos como fundamento político das transições democráticas e também como horizonte de discurso da fala democrática. O ódio, portanto, mais que descrever uma pulsão pessoal, afecção da personalidade ou da vida coletiva, estaria indicando uma via para desfazer um pacto cultural e político que é, como dizia, inseparável de um pacto de fala, um modo de dicção democrática. A disputa pelo dizível trazida pelo ódio tem os direitos humanos como campo de exercício e de tensão permanente. Na Argentina, fundamentalmente, o discurso dos direitos humanos articulou uma gramática de direitos antidiscriminatórios – raciais, de gênero, migrantes etc. –, na qual se modulam as falas da democracia e, portanto, os modos de relação política, e às vezes jurídica, da inclusão democrática. Esse pacto é o que aqui se quer erodir; é em relação aos direitos humanos que essas enunciações disputam o campo do dizível democrático. E essa erosão, quero sugerir, marca um momento limite de certa ideia de democracia e de sua capacidade para absorver os conflitos gerados pelo ordenamento neoliberal do social. É a consciência democrática que surge como contrapartida ao terrorismo do Estado o que aqui se contesta sistematicamente.

Os *Diários do ódio* se enquadram claramente nessa disputa. Não se trata apenas da questão dos direitos humanos como um dos temas do ódio; o que está em jogo é a própria base da democracia argentina, construída em repúdio ao genocídio que a antecede. Esse repúdio se torna objeto de ridicularização e de descarte discursivo: "não vale sequer um direito humano", dizem ao "negro KK", e, com ele, uma certa ideia da democracia fundada sobre o horizonte dos direitos humanos.

Por sua vez, *Odiolândia* fala desses "vermes dos direitos dos manos"; os direitos humanos se animalizam: "vermes", marcando-os também como o símbolo de um pacto legal que deve ser varrido. Interessantemente (ainda que com distintas intensidades na Argentina e no Brasil), os direitos humanos se registram como o (quem sabe o único) freio efetivo para essas fantasias de limpeza social: os direitos humanos estão aqui como marcador de uma passagem, ou uma confrontação entre versões ou ideais da democracia.

Portanto, a novidade demonstrada por essas instalações é que essas linguagens de desumanização – que, obviamente, não são inéditas – começam a fazer parte dos modos em que se imagina, a partir dessas novas esferas públicas, a própria democracia; as falas interditas do pacto democrático não se querem como o oposto da democracia, mas, sim, reclamam os espaços da democracia para retraçar o horizonte dos iguais, seus limites e suas segregações; esse é seu desafio e sua transgressão. O coro de vozes que se reúnem nessas instalações traça o espaço do comum a partir da segregação dos "negros", dos corpos trans, dos "zumbis" etc. – e fazem dessa segregação de corpos, potencialmente infinita, o fundamento de seu comum imaginado. A novidade que registram essas escritas do ódio é que a performance verbal do racismo e do masculinismo – que foram núcleos antidemocráticos durante décadas – começam a funcionar no interior do democrático, na figura do fórum público.

Consequentemente, o que aqui se registra é o momento no qual as precárias matrizes cívicas que operaram como fundamento da imaginação democrática na Argentina e no Brasil desde as transições pós-ditatoriais buscam ser desmanteladas a partir de uma nova permissão compartilhável ("viral") de escritas anônimas veiculadas por grandes meios de difusão e redes sociais. Nelas podemos ler a emergência das enunciações e subjetividades que buscam se livrar da interpelação ética dos direitos humanos, adaptar-se às exigências de uma desigualdade social que se percebe como definitiva e que mobiliza marcadores biopolíticos e afetivos como os símbolos para as "guerras de subjetividade" que modelam o social. *Nesse território eletrônico de onde emergem essas enunciações, a partir das quais se articulam outras imagens do democrático, conjugadas ao redor da gestão da inseguridade e da intensificação da violência.* (O bolsonarismo, com sua proliferação de inimigos e sua teatralidade bélica, é uma espécie de realização extrema desse modelo de que falam Alliez e Lazzarato. Por sua vez, o macrismo, ainda que, talvez, com menor intensidade, também desenhou uma gestão da seguridade sobre essa matriz de múltiplos inimigos latentes que caracteriza as "guerras de subjetividade").

Realço que o ódio emerge aqui como uma *ruptura de um pacto e como imaginação de um novo horizonte de iguais,* um horizonte de iguais que se traça pela segregação de outros e outras. Essa *democracia por segregação,* essa democracia na qual o espaço dos iguais – o espaço de igualdade – se define a partir de uma segregação (potencialmente infinita) de corpos, é o que começa a articular-se nessas escritas ínfimas, plebeias, assintáticas, iletradas (interessante para a tradição "letrada" latino-americana), nessas vozes exasperadas e anônimas. O ódio escrito, portanto, perturba os pactos do dizível e, ao fazê-lo, transforma o próprio terreno do público democrático: simultaneamente reformulando os modos do dizer e os modos do público.

ESCRITAS PERFORMÁTICAS

O ódio político é, fundamentalmente, *circulação*:[16] quer contagiar, é adesivo; busca demarcar um coletivo a partir de um ódio comum. Não é sempre que pode fazê-lo, mas seu impulso é o de operar como contágio. Isto é: quer fazer um mundo coletivo, que pode durar apenas um instante, mas isso não importa: quer traçar as coordenadas de um comum a partir da segregação. O ódio é compartilhável, quer produzir territórios compartilhados e imagens de igualdade ou de "os iguais" a partir da segregação de um "outro", sempre demasiado próximo. Seu lema fundamental poderia ser: *que esse ou essa (ou isso, porque o ódio desumaniza) desapareça da minha vista*, para fundar sobre essa desaparição um território comum. Essa natureza contagiosa do ódio ilumina dimensões decisivas das escritas que convoca. A pergunta pela escrita que surge nesses materiais, essas escritas que se atraem pelo ódio, é fundamental não apenas porque seria um "meio" de expressão desse *ugly affect*, com toda a longa história do ódio escrito e agora relançada em forma eletrônica. Ao contrário, creio que as políticas em torno do ódio, do ódio como afeto político central em nossas democracias, *passam por sua natureza escrita precisamente porque lançam luz sobre a existência política da escrita e suas reconfigurações contemporâneas*. Há algo central da escrita (não da escrita eletrônica, ou das redes sociais, mas da escrita *em si*) que,

16. S. Ahmed, *The Cultural Politics of Emotion*.

quero sugerir, é ativada nesses enunciados do ódio. Gostaria de discutir dois pontos centrais em relação a isso.

Em primeiro lugar, essa circulação contagiosa do ódio passa por uma intensidade afetiva muito alta (Butler fala de um *"excitable speech"*, essa capacidade de irritação, de estímulo direto do enunciado de ódio.)[17] Essa intensidade, no caso da escrita eletrônica, potencializa-se pela natureza *elétrica* da escrita: o ódio é *corrente* afetiva, um *afeto eletrônico* que percorre a rede, que passa por conexões e imagens transmitidas eletronicamente. Aqui, as figuras do ódio estão feitas de retransmissões "viralizadas", que passam pelos *clicks*, por postagens, pelos fóruns e suas correntes, todo esse universo *tátil* ou *háptico* que é o da escrita eletrônica. Ódio de transmissão "em cadeia": produz subjetivações e imaginários de comunidade porque é um afeto transmitido, "viralizado", que opera por vias eletrônicas: toca, circula, posta, reproduz. E que é fundamentalmente manual e tátil: clicar, pegar, postar, em uma linguagem na qual as palavras se deixam clivar em direção ao que aqui resulta absolutamente fundamental: *o gesto*, ou seja, o limite com o corpo. A escrita eletrônica é uma escrita de gestos, que passa pelas mãos (👍 ✌️ 👇 👈 ✋) e pelos rostos (😐 😒 😷 🙉 👤): um teatro minúsculo e proliferante dos corpos na escrita. Esse umbral do gesto, analisado por Ana Kiffer como umbral da emergência de novas subjetividades, aqui se liga ao terreno da escrita e ilumina um novo umbral de

17. J. Butler, *Excitable Speech*.

contiguidade entre corpos, afetos e sentidos. O gesto ao mesmo tempo como inscrição e escrita performática, deslocando os modelos unificadores de discursos coletivos que estabelecem as matrizes da discursividade política clássica.

A isso se soma, evidentemente, o anonimato: são linguagens e afetos coletivizados sem rostos (sem expor o rosto, como quando falamos) e sem assinaturas ou qualquer forma de responsabilidade autoral. O meio eletrônico potencializa o anonimato a escalas que não poderíamos suspeitar há algumas décadas e, a partir disso, se realiza nessa figura do não rosto e da não assinatura, esse *não autor* que é o comentarista online e, logo, o *troll*, e que, paradoxalmente, passa por e toca os corpos. Porque esse mascaramento, próprio das cenas de escrita eletrônica, *vai direto ao corpo*: não passa pelo "eu", pelo sujeito como figura pública, mas por essa figura anônima, essa figura do *qualquer um*, que permite o enunciado de ódio. *Um circuito impessoal e coletivo*: do anonimato ao corpo. Esse é o circuito do ódio.

Essa contiguidade entre linguagem e gesto, ou entre escrita e gesto, é ilustrada em *Odiolândia* quando reúne os ataques contra Marielle Franco, nos quais um comentário justifica sua execução por ser defensora da legalização do aborto e por ser parte de um grupo de "bandidos". Nesse texto se arma uma continuidade entre palavras, rostos e revólveres:

Todos os políticos são bandidos, e bandido bom é bandido morto! 😐 😠🔫😠🔫😠🔫😠 .
A única coisa que os esquerdistas querem é dimi-

O *emoji* tem sido pensado como um produto nítido do *affective capitalism*, em que uma modelação das emoções busca normalizar ou facilitar fluxos afetivos, padronizando a inscrição do afeto no enunciado. O interessante aqui é que esse *affective labor* se conjuga até a guerra, nessa sequência – de sintaxe bastante clara, onde há, inclusive, lugar para o/a enunciadora (e talvez enunciatário/a) – na qual o *emoji* teatraliza a fantasia de extermínio, ou de limpeza social: "Bandido bom é bandido morto." Aqui, o *emoji* dá permissão ao riso e a um certo pacto, levantando qualquer barreira ética perante a morte: uma morte desejada e insignificante. Essa modulação vem como um gesto que articula os enunciados e se localiza nesse umbral liminar, ambivalente, fluido, entre *palavra e corpo*, que é onde pensamos os afetos, e que, na escrita eletrônica, adquire uma visibilidade gráfica e uma nova centralidade. O *emoji* indica, ostensivamente, como uma espécie de *dêixis*, esse espaço "entre". Se toda escrita é canal de afeto, a escrita eletrônica, em seu encontro com o ódio, faz desse tráfico sua principal função: a escrita como canal de estímulo corporal, de fricção com o limite do corpo. A chave do sentido, dito de outra maneira, passa por essa nova centralidade do espaço e da conexão entre escrita e corpo: é uma escrita inseparável de sua força de irritação corporal.

Arqueologia do ódio   111

Isso encontra seu ponto de dramatização histórica. Dado que esta centralidade do afeto e da conexão escrita/corpo adquire uma revigorada importância quando pensamos na significância que o gesto do revólver ou da metralhadora adquiriu na campanha de Bolsonaro como símbolo da afiliação ao candidato: a performance do gesto ativa um modo de funcionamento da linguagem no qual a palavra necessita de modos essenciais ao gesto, *como se essa ligação entre palavra e gesto fosse o canal para uma política que faz do gesto seu conteúdo principal*. Bolsonaro ganhou uma campanha eleitoral falando o mínimo possível e reiterando esse gesto de maneira tautológica. Julgo que essa contiguidade entre palavras, imagens e gestos é inédita e imprime à escrita não apenas uma tonalidade, mas também um "campo de ressonância" que deve ser pensado, pois é aqui que se desdobra a intensidade afetiva que parece ser distintiva desses circuitos eletrônicos.

Em segundo lugar, as instalações trabalham com a *dimensão performática* da escrita eletrônica, especialmente em torno do que é uma das grandes potencialidades que se ativam nos enunciados online: sua desestabilização da distinção entre o oral e o escrito. O que se disse oralmente, o quê e o como do oral passam à escrita, e os registros do oral e do escrito se fundem, e as hierarquias e universos culturais se desdobram nessa distinção: a escrita eletrônica é um formidável dispositivo "desclassificador" dessas distinções e dos seus ordenamentos. O que antes pertencia ao reino do falado, do sussurrado, do murmúrio coletivo, do que se dizia e se repetia na oralidade e circulava "de boca em boca" se reformula, com o surgimento dos fóruns online, como registro de escrita que se arquiva, deixa rastros "objetivos" e circula sob a figura do viral e da cadeia de mensagens. O oral se torna rastro reprodutível: o estilo indireto livre, que é próprio de todo agenciamento coletivo de enunciação, torna-se um rastro "objetivo", rastreável: o murmúrio anônimo verifica a memória de sua circulação, de sua repetição e de sua eventual viralização. A *reprodutibilidade se torna arquivo e acumulação*. Nessa acumulação, como dizíamos ao princípio, um agenciamento coletivo de enunciação encontra seu dispositivo tecnológico, ou, ao contrário, uma tecnologia se articula na imanência de um agenciamento em processo de formação. Em todo caso, uma certa conformação entre uma tecnologia de escrita e um lugar de enunciação exibe uma novidade histórica: a de arquivar o murmúrio, a de fazer da variação própria à circulação da palavra um volume "objetivo" que deixa rastros verificáveis e rastreáveis. *O murmúrio se torna escrita viral*: aí se constitui uma nova forma do coletivo.

Essa passagem do oral ao escrito é fundamental por outro motivo central: é nela que se conjuga uma *permissão* para dizer o interdito, para escrever o que antes se dizia "à meia-voz", potencializado pelo anonimato da escrita eletrônica. É aí então que se conjuga uma massa, um arquivo e um agenciamento de enunciação a partir de uma tecnologia do escrito que permite consolidá-los. Aqui está a chave: *permissão* cultural a partir de uma configuração política e tecnológica da escrita.

Arqueologia do ódio 113

Ao mesmo tempo, essa desestabilização da fronteira entre o oral e o escrito abre novas modulações dos tons e das ênfases (singularmente relevante para esses enunciados exasperados, em que o insulto é um elemento central). O performático: *o gesto e a voz* – isso é o que encontra uma nova expressividade na escrita eletrônica. É aí que se desdobra o que podemos chamar de "campos de ressonância" do escrito: modos de interface entre a escrita e o barulho social, o murmúrio das vozes que encontra aqui uma nova linha de passagem à escrita.

É precisamente por isso que a pergunta pelo ódio escrito vai ao centro do que chamamos "literatura", se entendemos por literária essa prática de escrever na qual os "quaisquer" disputam o poder de enunciar, de apropriar as tecnologias de escrita e daí definir o mundo em comum. A literatura, para voltar a Rancière, como um novo regime da arte de escrever no qual não importa quem é o escritor e quem é o leitor.[18] É esse "não importa quem" do literário que se ilumina nessas instalações, precisamente a partir da escrita eletrônica; nelas podemos ver emergir o terreno – ou, possivelmente, melhor, o "tensor" da língua, uma de suas linhas de deriva, por vezes simultaneamente monstruosa e cotidiana, compartida – de uma literatura feita, justamente, a partir de seu *exterior*, sem figura de "escritor" ou de "leitor", mas, em vez disso, com *trolls*, artistas, editores, diretores de performances, produzida em meios eletrônicos, galerias de arte e cenários diversos e

18. J. Ranciére, *Politique de la littérature*.

por um tecido de vozes anônimas. Nesse sentido, as instalações funcionam aqui como uma espécie de laboratório da literatura do presente, de onde os livros (como no caso do livro de poemas dos *Diários do ódio*, ou a literatura de cordel no caso de *Odiolândia*) emergem dentro de um circuito de escrita mais amplo, no qual não são necessariamente o ponto final, mas uma sequência dentro desse espaço de escrita mais amplo. A capacidade dessas escritas para re-situar o livro como uma parte dentro de uma prática literária mais ampla – cujo eixo está na exibição e intervenção sobre e desde a escrita – é o que, creio, funciona como potência de reflexão e expansão sobre o lugar e a natureza das literaturas do presente. A instalação, enfim, como exibição de escritas na qual podemos ler a inflexão contemporânea da literatura, uma literatura que é a instância de uma radical ambivalência ética e política que começa nos comentários online, em sua violência e trivialidade, e se espelha, em um momento de inteligência estética e política, no arquivo das instalações. Uma literatura feita do deslocamento entre o oral e o escrito e que ilumina as formas adotadas, em nossa época, pela disputa pelo dizível, pelos enunciados e pelas enunciações válidas, pelo inteligível como político: o ódio é esse trabalho no interior das linguagens e das posições de sujeito. Por isso Rancière disse que o ser humano é um animal político porque é um animal literário: um animal com capacidade para operar no excesso e na opacidade que borra, todo o tempo, os contornos da linguagem. É aí que o barulho se torna a chave para pensar as tramas do público.

O ódio traça uma borda interna na língua, onde o barulho, o grito, o som "sem significado" – e, portanto, o *afeto*, como uma força nunca totalmente traduzível para a linguagem articulada –se litigam juntamente com os modos e as formas do enunciado legítimo, válido, com força normativa e ordenadora. É aí que se define a natureza do fazer público: na disputa pelo inteligível, pelo dizível e pelo legível, na trama das línguas e das escritas e no trabalho do enunciado social e politicamente válido. Essa borda interna e esse tensor que percorre as linguagens é o que chamamos literatura: nesse ponto de vacilação das enunciações e de sua capacidade política para produzir sentidos.

Portanto, a pergunta pelo ódio como afeto político central nas democracias contemporâneas é inseparável da pergunta pelas concomitantes transformações do público (quem fala, o que é um enunciado válido, como se traça o cenário dos iguais no espaço compartilhado e quais imagens de igualdade e de mundo em comum são projetadas nesse espaço) e do escrito (o que é escrever, quem escreve, como se publica, como se circula, quem lê e o que faz com o lido, como se reordena a relação entre o oral e o escrito e entre escrita, gesto e corpo). Para ler essas transformações há que saber ler – que é também escutar no escrito, uma espécie de exercício de leitura aural – esse barulho literário, essa instabilidade – murmúrio, clamor, falatório – que desloca o próprio espaço do escrito pela pressão de novas subjetividades e na qual se joga com a possibilidade e com a própria forma do que chamamos "democracia".

PEDAGOGIAS PÚBLICAS

Como se situar nesse terreno de disputa e emergência de subjetividades que imaginam a democracia como segregação e guerra permanentes? Seguramente, não seria com textos sem ódio, com escritas de apaziguamento e de educação das paixões cívicas. Talvez um equívoco de nossa época seja imaginar um sujeito democrático como um sujeito "livre de ódio", capaz de sublimar suas paixões em uma prática de consenso e deliberação, na qual a escrita cumpriria um papel fundamental na educação dos afetos para uma civilidade abstrata ou ideal. Penso, ao contrário, em escritas que mobilizam o ódio como afeto político para traçar novos espaços compartilháveis, para produzir outras imagens do coletivo, como uma espécie de contraofensiva de fuga, contra os usos do ódio como reafirmação de identidades prévias e pura restauração imaginária de uma ordem mítica. Um exemplo claro vem (não casualmente) do feminismo. Não apenas em função das enunciações que conjuga, mas por seus modos de ocupação do público. "Al patriarcado lo hacemos concha", podia-se ler em uma das marchas de NiUnaMenos (NemUmaAMenos): a "concha"/"boceta" como reivindicação e como destruição ao mesmo tempo, para odiar o patriarcado, para odiar o Macho, e fazer desse ódio uma linha emancipatória, uma mutação dos corpos ("hacer concha"/"fazer bocetas")[19] e

---

19. "Hacer concha" no espanhol da Argentina significa destruir, desarmar, quebrar. "Al patriarcado lo hacemos concha" significa, então, a

Arqueologia do ódio   117

das subjetividades como exercício de imaginação democrática. *Onde o que se odeia é a gramática da violência que é o patriarcado.* E onde a escrita se situa de outro modo entre os corpos, no espaço da marcha, da assembleia, ainda que, sem dúvida, possa também passar pelo território eletrônico e pelo fórum virtual, mas é na marcha que se conecta com o entre-corpos coletivo.

Onde, enfim, a rua se torna o território da escrita – rua como a inflexão coletiva do escrito – e não apenas o fórum virtual e a mensagem viral como ponto de detenção ou buraco negro das linguagens. Aí a escrita exibe o traçado de uma nova enunciação coletiva, um agenciamento e uma aliança que passam por outros possíveis territórios compartilhados e que usam o ódio ao Macho para se construir. Aqui há uma poética e uma política do enunciado que passa pelo *slogan*, em que a gravitação em direção à rua é central para instituir outro espaçamento e ligação entre corpos e palavras, que são outras formas de habitar e ocupar o público. Isso passa também pelo ódio, ou por modulações afetivas que passam pelo ódio.[20]

A modulação do ódio articulada por esse *slogan*, quero sugerir, está fazendo algo muito diferente dos outros enunciados que viemos discutindo. Aqui se desdobram a invenção de um novo território coletivo, novos modos

---

destruição do patriarcado, mas, ao mesmo tempo, "hacer concha" é um devir, uma mutação: convertemos o patriarcado em "concha", em boceta.
20. Penso em um texto de M. Sidoti ("Sí, los odiamos") sobre afetos feministas, no qual o ódio aparece como a resposta afetiva ao patriarcado.

de relacionar palavras e corpos que trabalham sobre a reorganização dos nomes coletivos, diferentemente dos enunciados racistas, masculinistas e sexistas, que giram ao redor da reafirmação de identidades reconhecível e do ordenamento de corpos legíveis. Precisamente por isso, a vocação do ódio restaurador é a de fazer – inclusive, ou sobretudo, através da violência – que suas palavras coincidam com os corpos: que o "negro" ocupe seu lugar e que não tente ser algo diferente, que a "puta" se fixe no lugar que lhe está reservado, que os "nordestinos" voltem à sua região etc. Aqui, no lugar disso, aparece um afeto desestabilizador, porque seu objeto é o regime que garante privilégios – o patriarcado – e que inventa lugares inéditos de enunciação, de saber e de ação, que em espanhol e em português gira ao redor de uma nova palavra em ambas as línguas: "sororidad" ou "sororidade", cujo "barulho" nas línguas fala da fricção que o feminismo traz às palavras, que são também novos modos de ocupar o espaço público e de articular o vínculo político. Isto, quero sugerir, *também passa pelo ódio*, ainda que por economias éticas e políticas muito diferentes das do ódio restaurador. Um ódio, como disse Ana Kiffer, capaz de descentrar-se de seu impulso de eliminação do outro e de rearticular-se como disputa a regimes de exploração e submissão.[21]

---

21. Nesse sentido, Silvio Lang – o diretor da versão coreográfica dos *Diarios del odio*, aponta que "o ódio não é necessariamente de direita. Também pode haver um democrático, popular, que permite certos vitalismos: se não há ódio à alguma situação de saturação de vidas exploradas ou

Arqueologia do ódio 119

Isto nos aproxima de uma conclusão parcial. As escritas do ódio restaurador, as que se exibem nas instalações que discutimos, têm um gesto compartilhado, quase obsessivo: *o de almejar ordenar uma rua que se encheu de negros, travestis, nordestinos, putas* etc. É a rua como problema (e, no caso de *Odiolândia*, é a cidade como o cenário para o chamado à ordem). Há uma exortação recorrente a limitar e a restringir a vida pública percorrendo esses enunciados. O objetivo não é apenas o corpo marcado do outro, é o corpo do outro na rua e em plano de igualdade comigo: o que odeio é a proximidade e a igualdade que se figura entre esses corpos. Porque aqui emerge o que é, talvez, o trabalho fundamental do ódio restaurador: *o de regular e disciplinar o espaço público, o terreno no qual se define o público na democracia.* O público como o terreno no qual se debatem e atuam os planos de igualdade no universo democrático; o público não apenas como lugar de concorrência coletiva, onde os corpos se apresentam para traçar as fronteiras do mundo em comum, mas o próprio terreno de performance e disputa de igualdade democrática. A rua sintetiza esse espaço público: é a sua metáfora, mas também seu terreno real de desdobramento. O ódio quer que essa rua se torne transparente aos corpos que "lhe correspondem", que essa instabilidade que vem com corpos racializados, sexualizados, que fogem aos gêneros,

submissas, não há coragem vitalista para tentar modificar essa posição. Assim que posicionamos o ódio como paixão política universal" (D. Yaccar, "El odio como pasión política universal", de Silvio Lang).

se converta na tautologia na qual cada corpo ocupa seu lugar. E "seu lugar" é o mundo privado: o trabalho, a casa, a não participação no mundo compartilhado. Ou, diretamente, a expulsão ou a eliminação. O ódio aqui é *privatizador*: é político porque é uma forma de intervir sobre o público e devolver certos corpos ao domínio do privado (isto é: à reprodução social – as mulheres – e/ou à reprodução do capital – pobres, negros, trabalhadores etc.)

Contra esse impulso privatizador do ódio restaurador, uma reinvenção ativa do público e dos modos de habitá-lo, tarefa na qual o feminismo e os movimentos GLTTBIQ contemporâneos têm um papel decisivo. Aqui reaparece o tema do "barulho" de novas enunciações, nos limites do inteligível, que armam outros focos de ressonância e de circulação. Leiamos um texto recente de María Pía López, no qual a autora pensa a emergência de enunciações feministas como reordenamento das vozes e dos modos de intervir na língua a partir da palavra *algarabía* (algazarra):

> *Em Espanha, segundo o dicionário monárquico, definem algarábia como barulho confuso [...]. No nosso castelhano rio-platense é uma gritaria alegre. O que para outros é um barulho desordenado, bárbara dicção do estrangeiro, se ressignifica em alegre polifonia. Nesse leve deslocamento há uma promessa da possibilidade de compor o comum a partir do intenso e do diferente, a partir do múltiplo e do heterogêneo.*[22]

22. M.P. Lopez, *Apuntes para las militancias*, p. 42 (tradução livre).

A enunciação feminista aqui é reordenamento de lugares de vozes e reorganização de pactos possíveis como futuros democráticos. Apesar de o argumento de López não falar do ódio (ao contrário, ela insiste em uma enunciação "amorosa com os dialetos"), ele ressoa com o *barulho* do ódio em que a fricção das enunciações produz ruídos na língua. Porque, então, a pergunta geral é por uma democracia pós-ditatorial cujos pactos fundantes não podem absorver a pressão das novas desigualdades e atam novos pontos de enunciação, que são vozes e tons de novas lutas e de novos circuitos do escrito. É aí onde devemos situar a pergunta pelas políticas do escrito e do literário: no trabalho, a partir de novas tecnologias e circuitos, da reinvenção do público, da publicação e dos públicos, nos quais os limites do dizível estão, uma vez mais, em jogo, em risco e em questão. É a existência política da escrita e o relevo performático que adquire o que se representa nessa nova paisagem do público.

PRÁTICAS DE PUBLICAÇÃO

O ódio põe em jogo, em movimento e em transformação, a própria ideia do público: disputa, como dissemos, os limites do dizível e do inteligível, mas, ao fazê-lo, transforma também os modos de relação entre palavras e corpos e a própria forma do *entre-corpos*, que é o que chamamos de "espaço público". Por isso mesmo interessa interrogar essas práticas de escrita que, como nas instalações que vimos, capturam ou potencializam o formidável impulso desclassificador do eletrônico ou do digital para intervir sobre as próprias condições de circulação e sobre a vida pública do escrito e sua forma de situar palavras entre os corpos.

Voltemos brevemente às três instalações. Por um lado, elas exibem as linguagens coletivas do ódio: põem seus públicos perante esses enunciados brutais, tornados arquivo de massa, em que o efeito de imagem do social é revelador. Mostrar, portanto, os enunciados de ódio como um intolerável postal do social. Mas as instalações fazem algo mais com a escrita. Jacoby e Krochmalny pediam a amigos/as e visitantes que escrevessem com carvão os enunciados do arquivo do ódio: no mural físico, a contrapelo do mural online e da eletricidade. E, no gesto de "enunciar" o ódio, de somar-se ao coro dos que odeiam, no riso, mas também no medo, fazem oscilar, em sua repetição, o enunciado do ódio, ao mesmo tempo que devolvem certa condição manual, efêmera (carvão) e que os torna a situar entre corpos a diferença do espaço descorporalizado do fórum online. Situam a escrita no meio dos corpos: a reinscrevem em uma contiguidade física e material.[23] Beiguelman, por sua vez, dispõe esses enunciados em sua atmosfera aural, em uma referência imediata à voz e ao corpo na cena da invasão policial, restando-lhe as imagens. Stigger, ao contrário, reinscreve a contiguidade entre escrita e imagens ao dar-lhes o som do disparo (e

23. J. Butler, op. cit.

Arqueologia do ódio   123

também o da câmera e o da arma), no qual as palavras adquirem a escala de sua violência, e confrontá-las ao relato das vítimas. As três instalações estão fazendo algo similar: reapropriam e desviam os enunciados, fazendo com que suas diversas materializações físicas (o carvão, a tela, os livros, a projeção junto às fotografias) funcionem como *o agente de espaçamento que reparte novos lugares de sujeito, posições dos corpos, modos da voz e sentidos*. Não se trata apenas da consciência sobre o ódio e sua violência, mas também da capacidade da escrita para reorganizar os circuitos compartidos e ressituar os corpos em relação às escritas. Escritas que não se fixam em seus marcos habituais (o livro, a página), mas que adquirem múltiplas formas de existência material – de publicação – a partir de onde intervêm e reinventam isso que é a potência mesma do escrito desde sempre: o público, o *fazer público*, esse espaço, ou melhor, esse espaçamento frágil, mas insistente, no qual nossas democracias reinventam a possibilidade de uma vida em comum, compartilhada entre iguais. Escritas que são inseparáveis de suas *práticas de publicação*, que se tornam assim *performances* de publicação à medida que, a partir de uma nova capacidade para situar o escrito entre os corpos, canaliza uma potência de reinvenção do público. Linhas de passagem, espaçamentos: tudo isso *passa pela escrita*.[24]

24. Aqui poderíamos pensar, por exemplo, os modos como muitas práticas de escrita trabalham na crise da esfera pública tradicional e na criação e gestão de públicos que se tornam arenas de invenção não ·

É precisamente nesse ponto em que vejo a capacidade da escrita para intervir e reinventar possibilidades do democrático na inflexão raivosa do presente: escritas que reinventem suas próprias condições de circulação e, ao fazê-lo, trabalhem novos espaçamentos que são sempre novos modos de ocupação – novos modos de colocar o corpo, de expressar-se, de subjetivar – disso que chamamos "vida pública".

Para finalizar, cabe perguntar-se, portanto, se o momento em que o ódio desarma e reorganiza pactos da dicção política não é também a instância em que se traçam novos pactos de leitura e de circulação, de ligamentos entre palavras e corpos e de modos de afetar-se reciprocamente e que seriam, necessariamente, formas de invenção do público e dos públicos. Dado que é precisamente ao desorganizar os polos do oral e do escrito – suas formas, seus tons, seus pactos e disputas – que a escrita desloca o universo do público: do que se diz em público, e, portanto, do que permanece (ou não) no privado, no informal ou em segredo. Essa ressonância, sem dúvida efêmera, porém barulhenta e cacofônica, do fórum online desafia a

apenas de sentidos, mas também de subjetivações e de modos de habitar e ocupar os espaços que reclamamos como públicos. Nesse gesto me interessam muitas práticas literárias e performáticas contemporâneas. O caso do trabalho de Dani Zelko é exemplar como contraponto exato às instalações do ódio, justamente porque também pensa as estratégias para ressituar o livro dentro de um circuito mais amplo, expandido, de circulação da palavra e de transformação das práticas performativas da escrita. Ver a respeito o projeto "Reunión" em <https://danizelko.com>.

própria noção de "esfera pública" e nos recorda da necessidade de voltar a repensar criticamente sua natureza (e isso é também uma disputa pelos modos de ocupar, de criar e de habitar o público: o modo de pensar o público é também a forma de fazê-lo e de nele intervir). Lionel Ruffel argumenta, nesse sentido, que em sociedades matizadas em torno de múltiplos circuitos de interpelação e consumo não se pode seguir pensando em termos de uma "esfera pública" homogênea, estável, dada, de base letrada, modelada por culturas brancas e europeias, que concebem o impresso como seu núcleo e essência. Pelo contrário, diz Ruffel, o estudo das culturas contemporâneas (e, portanto, "do contemporâneo" enquanto regime de co-temporaneidade) implica ler movimentos exteriores a essa esfera pública idealizada, no terreno de uma "arena conflitiva" feita de uma "multidão de espaços públicos" e que se desdobram por fora dos circuitos editoriais tradicional, em tensão com o mercado editorial. "A publicação", argumenta, "está em vias de converter-se em um dos conceitos chaves do contemporâneo" (enquanto a "literatura", em sua acepção mais clássica, remeteria diretamente ao moderno).[25] O autor também argumenta que a reflexão sobre a "estruturação do espaço público artístico" (que absorve as formas prévias do literário) se torna a tarefa das estéticas do presente, colocando o foco, justamente, na reinvenção do público.[26]

25. L. Ruffel, *Brouhaha*, p. 203.
26. L. Ruffel, O. Rosenthal, "Introduction", p. 13.

A escrita eletrônica é uma dimensão chave deste debate, precisamente porque traz ao centro de sua prática a pergunta pela publicação. Mas não se trata de limitar-se à escrita eletrônica, mas de determinar que potências se ativam para a escrita em geral. Dado que as práticas mais interessantes da literatura contemporânea são escritas que não se podem desprender de sua materialização em meios de publicação, ou que, em todo caso, se transformam junto aos suportes *que não apenas as transmitem, mas também as constituem*, meios e suportes que, em sua própria configuração, dão forma a sua existência. A escrita se torna assim, principalmente, um *fato de publicação, fundida*, por assim dizer, *a seu meio*. E, ao fazê-lo, põe em jogo, uma vez mais, a própria natureza do público – põe a categoria de "público" em disputa material e conceitual. Nos *Diários do ódio*, por exemplo, as escritas dos comentários online, como as paredes escritas com carvão, a conformação dos poemas a partir do trabalho de edição sobre um "parque textual", ou, em *Odiolândia*, as frases que se sucedem sobre uma tela e que logo migram ao livro-fanzine. Essas escritas adquirem múltiplas formas de existência material, iluminando uma indicação chave, como veremos, do literário contemporâneo: *a de escritas que se inserem de outros modos nos terrenos do público. Escritas performáticas e públicas,* poderíamos dizer, que tornam explícitas, como parte de seus procedimentos, a reflexão e a intervenção sobre o meio público que as constituem e modulam.

Aí emergem, quero sugerir, as *escritas políticas do presente*: escritas que colocarão em xeque, em jogo, em risco, em movimento, o terreno e a possibilidade do público, ou seja: sua existência e sua aparição em novos circuitos entre corpos, no tremor e vibração dos corpos, permitindo imaginar um novo espaçamento em comum, irredutível às identidades, às formas, às imagens vigentes, dominantes, do coletivo.

É nessa reivindicação do público a partir de escritas performáticas e práticas de publicação que o ódio se descentra de si mesmo: essa é a pedagogia urgente para esse nosso instante de perigo.

REFERÊNCIAS BIBLIOGRÁFICAS

AHMED, Sarah. *The Cultural Politics of Emotion*. Edimburgo: Edinburgh University Press, 2004.

ALLIEZ, Eric; LAZZARATO, Maurizio. *Guerre et capital*. Paris: Éditions Amsterdam, 2016.

BUTLER, Judith. *Excitable Speech: a Politics of the Performative*. Londres: Routledge, 1997.

ESPOSITO, Roberto. *El dispositivo de la persona*. Buenos Aires: Amorrortu, 2011.

FOUCAULT, Michel. *Il faut défendre la societé*. Paris: Seuil, 1997.

GARRAMUÑO, Florencia. *Mundos en común: ensayos sobre la inespecificidad en el arte*. Buenos Aires: Fondo de Cultura Económica, 2014.

KIFFER, Ana. "Escritas dos corpos e afecções políticas: o ódio e o desafio da Relação", in KIFFER, Ana; GIORGI, Gabriel. *Ódios políticos e política do ódio: lutas, gestos e escritas do presente*. Rio de Janeiro: Bazar do Tempo, 2019.

LOPEZ, María Pía. *Apuntes para las militancias. Feminismos: promesas y combates*. Buenos Aires: EME, 2019.

RANCIÈRE, Jacques. *La mésentente: politique et philosophie*. Paris: Galilée, 1995.

_____. *O desentendimiento: política e filosofía*. Trad. Angela Leite Lopes. São Paulo: Editora 34, 1996.

_____. *Politique de la littérature*. Paris: Galilée, 2007.

RUFFEL, Lionel. *Brouhaha: les mondes du contemporain*. Paris: Verdier, 2016.

RUFFEL, Lionel; ROSENTHAL, Olivia. "Introduction". *Littérature* vol. 4, n. 160, 2010.

SIDOTI, Mariana. "Sí, los odiamos", 25 jan 2018. Disponível em: <http://lobosuelto.com/si-los-odiamos-mariana-sidoti>.

WISNIK, Guilherme. "Livro apresenta depoimentos de ódio manifestados em redes sociais". *Jornal USP*, 23 ago 2018. Disponível em: <https://jornal.usp.br/atualidades/livro-apresenta-depoimentos-de-odio-manifestados-em-redes-sociais>.

YACCAR, Daniela. "El odio como pasión política universal", de Silvio Lang, 10 jun 2017. Disponível em: <www.pagina12.com.ar/43213-el-odio-como-pasion-politica-universal>.

Grupo ORGIE, *Diarios del odio*, 2017 (Foto: Sergio Bosco)

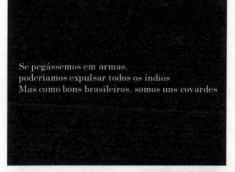

Veronica Stigger, *Menos um*, 2013

SOBRE OS AUTORES

ANA KIFFER é escritora, pesquisadora e professora do Programa de Pós-Graduação em Literatura, Cultura e Contemporaneidade da PUC-Rio. É colunista da *Revista Pessoa* na qual vem escrevendo séries de ensaios e de ficções. É Cientista do Estado pela Faperj (2019). Em 2018/2019 foi professora visitante sênior pela Capes na universidade Paris 7, França. Especialista na obra de Antonin Artaud, cujas cartas organizou na publicação *Antonin Artaud, a perda de si* (2018). É autora dos livros de ensaio *Do desejo e devir: o escrever e as mulheres* (2019) e *Antonin Artaud* (2016), de poemas *Tiráspola e desaparecimentos* (2017) e de *Todo mar* (2019).

GABRIEL GIORGI é crítico, pesquisador e professor da New York University (NYU). Estudou na Universidade Nacional de Córdoba (Argentina) e na NYU. É autor de *Sueños de extermínio: homosexualidad y representación en la literatura argentina* (2004) e *Formas comuns: animalidade, biopolítica, cultura*, traduzido para o português e publicado no Brasil em 2016. Coeditou uma antologia de ensaios sobre biopolítica, *Excesos de vida* (2007). Foi professor e pesquisador visitante na Universidade Federal do Rio de Janeiro (UFRJ), em 2016. Tem participado de diversos seminários nos Estados Unidos e América Latina.

CIP-Brasil. Catalogação na Publicação
Sindicato Nacional dos Editores de Livros, RJ

Kiffer, Ana
Ódios políticos e política do ódio: lutas, gestos e escritas do
presente / Ana Kiffer, Gabriel Giorgi. Rio de Janeiro:
Bazar do Tempo, 2019. 136 p. (Coleção Por que política?; v. 5).
ISBN 978-85-69924-67-8
1. Ciência política. 2. Direita e esquerda (Ciência política).
3. Brasil – Política e governo. I. Giorgi, Gabriel. II. Título.
19-60772   CDD: 320.981   CDU: 32(81)

Meri Gleice Rodrigues de Souza, bibliotecária CRB 7/6439

COLEÇÃO **POR QUE POLÍTICA?**

Siderar, considerar: migrantes, formas de vida
Marielle Macé, apresentação
de Marcelo Jacques de Moraes

Uma lei para a história: a legalização do aborto na França
Simone Veil, apresentação e entrevista de Annick Cojean

Liberdade para ser livre
Hannah Arendt, apresentação de Pedro Duarte

Contra o colonialismo
Simone Weil, apresentação de Valérie Gérard

Ódios políticos e política do ódio:
lutas, gestos e escritas do presente
Ana Kiffer e Gabriel Giorgi

PRÓXIMO LANÇAMENTO

Nossas cabanas
Marielle Macé

Este livro foi editado pela Bazar do Tempo
em novembro de 2019, na cidade de São Sebastião
do Rio de Janeiro, e impresso em papel Pólen
Bold 90 g/m² pela gráfica Vozes. Foram usados
os tipos GT Haptik e GT Sectra.